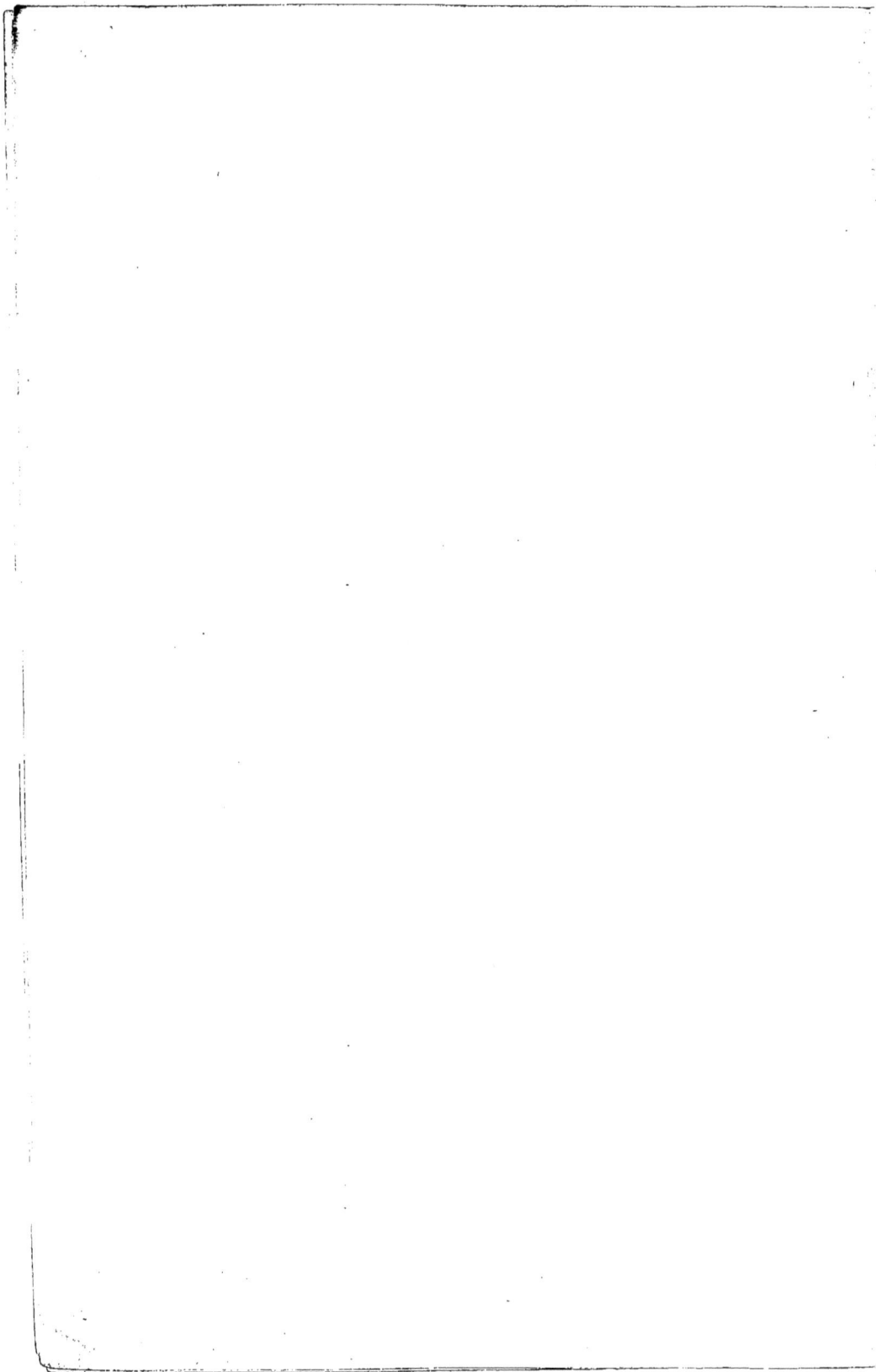

SOCIÉTÉ POUR LA DÉFENSE DU COMMERCE
DE MARSEILLE

Séance de la Chambre Syndicale du   *1905*

LES

SOCIÉTÉS PAR ACTIONS

RAPPORT

Sur les Projets de Loi déposés par le Gouvernement

PRÉSENTÉ

AU NOM DE LA SOCIÉTÉ POUR LA DÉFENSE DU COMMERCE

PAR

M. Michel **GUILLAND**

PRÉSIDENT

MARSEILLE
TYPOGRAPHIE ET LITHOGRAPHIE BARLATIER
19, Rue Venture
—
1905

208

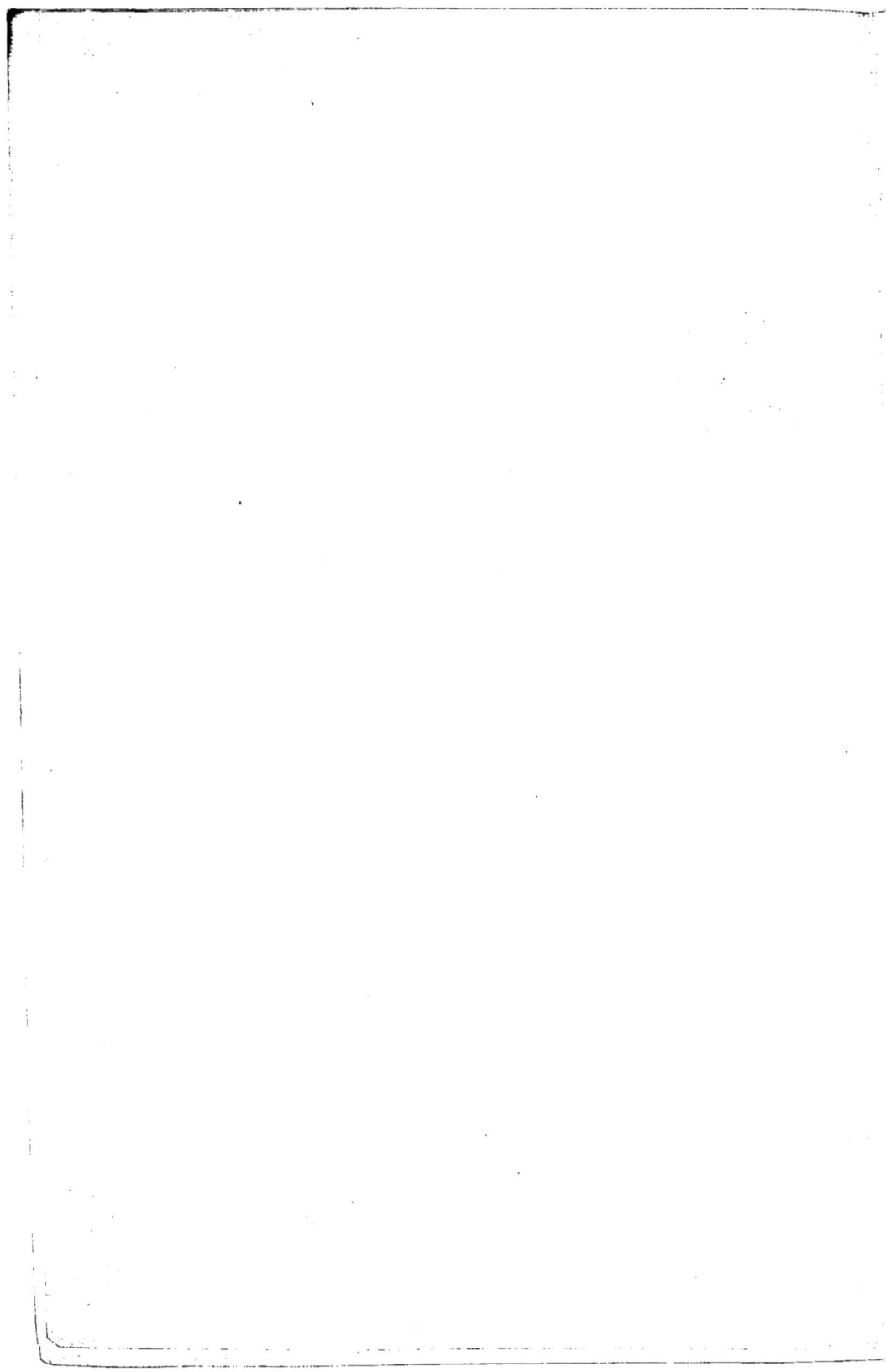

SOCIÉTÉ POUR LA DÉFENSE DU COMMERCE DE MARSEILLE

Séance de la Chambre Syndicale du   1905

M. Michel GUILLAND, Président de la Société pour la Défense du Commerce, donne lecture du Rapport suivant sur les Projets de loi déposés par le Gouvernement concernant les SOCIÉTÉS PAR ACTIONS.

MESSIEURS,

« La législation des Sociétés, a écrit M. E. Thaller, est un « monde où l'on se perd, à moins de spécialiser ses observations ». Cette parole de l'éminent professeur ne nous est jamais apparue aussi vraie qu'au moment où nous avons entrepris l'examen des Projets de lois déposés par le Gouvernement, sur les Sociétés par actions. Véritable monde, en effet, où l'on fait à chaque pas des découvertes, où une recherche en appelle une autre, où Doctrine et Jurisprudence se donnent de quotidiens rendez-vous pour discuter et interpréter, souvent de manières différentes et même opposées, les textes législatifs et surtout pour en réclamer d'autres, plus modernes, mieux appropriés aux conditions économiques et sociales du temps.

Dans ce dernier ordre d'idées, il nous paraît qu'on accorde généralement aux modifications économiques plus d'importance et plus d'influence encore qu'elles n'en ont. Il y a plus de cent ans, Treilhard disait déjà : « Il fut un temps où les immeubles « formaient la partie la plus précieuse du patrimoine des « citoyens. Depuis lors, la fortune s'est considérablement accrue. « On (le législateur) n'a pas dû attacher autant d'importance à « une portion de terre, autrefois patrimoine unique des citoyens, « et qui aujourd'hui ne forme pas la moitié de leur fortune ».

Que la richesse mobilière se soit augmentée depuis un siècle,
cela n'est pas douteux ; mais il est non moins certain, croyons-
nous, que depuis 1867, date de la loi fondamentale des Sociétés
par actions, le changement est plus sensible encore dans l'esprit
public et dans les mœurs que dans la forme même de la richesse.

Quelle qu'en soit la cause, la poussée existe et il faut en tenir
compte. Les projets ou propositions de lois qui se sont succédé
depuis 1867 en sont la preuve vivante. En 1883, pour ne parler
que de la manifestation la plus notable en ce sens, le Garde des
sceaux institua une Commission extra-parlementaire dans le but
d'élaborer une loi nouvelle sur la matière. Les travaux de cette
Commission amenèrent le dépôt sur le bureau du Sénat, en 1884,
d'un projet de loi en 108 articles, qui refondait complètement la
loi de 1867 et traitait en outre des obligations et des Sociétés
étrangères. Une loi fut votée par le Sénat le 29 décembre 1884,
transmise même à la Chambre, le 2 février 1885 ; mais elle n'y
fut pas examinée et elle demeura lettre morte à l'exception des
quelques points spéciaux qui ont fait l'objet de la loi du 1ᵉʳ août
1893.

Reprenant l'idée, M. le Ministre de la Justice de 1902, nomma,
le 21 juin, une nouvelle Commission extraparlementaire avec la
mission : « d'examiner les modifications à apporter aux lois des
« 24 juillet 1867 et 1ᵉʳ août 1893, relatives aux Sociétés par
« actions, d'étudier spécialement les mesures de nature à pro-
« téger l'épargne populaire, et de préparer dans le plus bref
« délai possible un projet de loi ayant pour objet de réaliser
« dans cette partie de la législation les réformes reconnues
« nécessaires ». Sauf l'indication, — dont la portée n'apparaît
d'ailleurs pas bien claire, — de rechercher particulièrement la
protection de l'épargne populaire, le Ministre ne limitait en rien
le champ d'action de la Commission.

Celle-ci pouvait soit conserver l'édifice de 1867 en le consoli-
dant, soit y apporter de larges retouches, soit enfin construire à
nouveau. Bien qu'il soit devenu banal de considérer la loi du
24 juillet 1867 comme essentiellement revisable (1), la Commission s'en est cependant tenue à cette loi, dont elle a respecté le
cadre archaïque et la division surannée, en lui imposant de nouvelles additions et de nouvelles soudures qui se superposent aux
additions et soudures anciennes. C'est, qu'on nous permette de
le dire, la plus détestable manière de légiférer. En veut-on des

(1) L'Exposé des Motifs relève les « grandes lacunes et les défectuosités »
de cette loi de 1867 « toujours combattue et toujours revisée. »

exemples ? Citons au hasard l'article 3 du Projet : « *A l'article 3*
« *de la loi du 24 juillet 1867, modifié par la loi du 1er août 1893,*
« *est ajoutée, après le paragraphe 4, la disposition suivante...* »
ou encore l'article 7 : « *Sont supprimés de l'article 13 de la loi*
« *du 24 juillet 1867 les mots...* » etc., etc. Supposons que ce projet devienne loi, voit-on, en présence de pareils rébus, ces braves
actionnaires dont on désire protéger l'épargne, obligés de com-
pulser lois sur lois, de les adapter l'une à l'autre, avant même
d'essayer de les comprendre ! Ils auront plus tôt fait de s'en aller
trouver un notaire ou un avocat, — et encore faudra-t-il que cet
homme de loi se soit livré à des études spéciales qui lui permet-
tront de se reconnaitre dans ce maquis législatif...

Pour agir ainsi, la Commission avait-elle de puissants motifs ?
La loi de 1867, dit-elle, contient des choses excellentes qu'il eût
été regrettable de supprimer. Mais qui parle de reléguer toutes
les dispositions de cette loi au magasin des vieux accessoires ?
Tout le monde reconnait qu'elle a été le résultat d'un travail
énorme, digne d'éloges et même d'admiration. Personne ne con-
teste que beaucoup de ses articles ne doivent être soigneusement
conservés. Et l'on aurait su gré à la Commission d'agir ainsi,
sans mépris pour ses ainées, mais aussi sans fétichisme déplacé.
On ajoute que cette loi se recommande par une longue existence,
qui lui a permis d'être interprétée par la jurisprudence. Mais
c'est précisément pourquoi, au contraire, il fallait utiliser la précieuse collaboration des tribunaux, en créant une loi nouvelle
conforme à leurs interprétations devenues définitives. Enfin, dit
la Commission, il importe d'aller vite, et un remaniement partiel
est plus tôt voté qu'un projet vaste. A ce compte, nous devons
nous estimer heureux qu'on ne se soit pas borné à l'introduire
adroitement dans cette boîte aux surprises qu'on nomme « loi de
finances » et qui sert, chaque année, de réceptacle à des innovations variées, bouleversant ou ruinant la législation antérieure...
Au surplus, cette réforme soi-disant partielle a-t-elle vu plus
rapidement le feu de la scène parlementaire ? La Commission a
été nommée le 21 juin 1902, et le premier projet de loi déposé le
3 avril 1903 ; mais quand aura lieu la discussion ? à plus forte
raison le vote définitif par les deux Chambres ? Enfin, c'est trop
de modestie que de qualifier de réforme partielle les projets
actuels, car ils soulèvent à peu près toutes les questions essentielles et, par leur volume, ils sont ce qu'on peut appeler de vas-
tes projets.

Nous croyons pouvoir le dire, ce qu'on attendait, ce qu'on
attend, c'est un monument neuf se dressant d'un seul bloc, à

l'édification duquel auraient été largement utilisés les matériaux jugés bons des lois de 1867 et 1893, comme de certaines autres telles que celles des 9 juillet 1902 et 16 novembre 1903 sur les actions de priorité dont la place est toute indiquée dans une codification d'ensemble. Ainsi l'on ferait de bonne besogne et l'on s'épargnerait le reproche dont M. Thevenet était l'interprète lorsqu'il remarquait que nous agissons comme ces bonnes gens qui s'obstinent à réparer une vieille maison, sans être jamais satisfaites de l'édifice disparate qu'elles ont construit.

En présence du même programme, la Commission de 1883 et le Sénat avaient manifesté moins de timidité. Tout en s'inspirant des principes directeurs de la loi de 1867, ils les avaient tant soit peu modernisés, ne serait-ce qu'en plaçant en tête de la loi les Sociétés anonymes, parce qu'elles sont infiniment plus nombreuses et plus importantes que les Sociétés en commandite. C'était une audace encore bien relative, et le législateur actuel pourrait s'avancer plus résolûment dans cette voie. Ainsi que le suggèrent d'éminents jurisconsultes, tels que MM. E. Thaller et Albert Wahl, pourquoi ne pas fondre en un seul titre les deux types de Sociétés, sauf à marquer avec précision, en un ou deux articles, les caractères essentiels qui différencient la Société anonyme et la Commandite par actions ?

Mais cette digression est un peu doctrinale ; revenons à l'étude des modifications contenues dans les Projets de lois confiés à notre examen. Pour les apprécier, il convient de se reporter aux mobiles qui les ont inspirés. Ils étaient identiques en 1884 et M. Bozérian, Président et Rapporteur de la Commission sénatoriale d'alors, les a énumérés en des termes que nous regretterions de ne pas reproduire ici. « *Combler les lacunes de cette loi* « (celle du 24 juillet 1867), — *faire disparaître ses omissions,* — « *suppléer à ses insuffisances,* — *éclairer ses obscurités,* — *amé-* « *liorer sans détruire,* — *réparer sans reconstruire,* — *chercher* « *des remèdes à des maux que ses devanciers n'ont pas su ou pu* « *prévoir,* — *empêcher dans la mesure du possible les manœu-* « *vres du dol,* — *déjouer les calculs de la fraude,* — *serrer les* « *mailles du filet au travers desquelles elle est parvenue à se* « *glisser,* — *prévenir quand il est temps, réprimer quand il est* « *trop tard,* — *et cela en se garant d'un excès dans l'indulgence* « *et d'une exagération dans la sévérité, de façon à rendre plus* « *sûr, sans le rendre trop difficile, le fonctionnement de cette* « *admirable machine qui s'appelle la Société, sans briser ce* « *magnifique instrument qui s'appelle l'Action,* — *ne point sacri-*

« fier la liberté des conventions à l'intérêt de ceux que leur cré-
« dulité et leur confiance peuvent entraîner dans des placements
« dangereux, et ne point non plus sacrifier cet intérêt, qui est
« celui du plus grand nombre, à la liberté des conventions, —
« tel est le but que le Gouvernement s'est proposé. »

Quel merveilleux programme ! mais combien déconcertant par ses contradictions ! La Commission de 1902 l'a cependant envisagé comme réalisable. De même que sa devancière, elle n'a osé ni la liberté déclarée, ni l'intervention avouée ; par des prescriptions, qui se défendent d'être interventionnistes, mais qui le sont en réalité, elle s'est acharnée à vouloir satisfaire tout au moins le vœu du Ministre, en cherchant à protéger la petite épargne contre « son ignorance et sa naïveté », comme si la sauvegarde contre les aigrefins pouvait se trouver ailleurs que dans la sagesse et la prudence du public auquel ils s'attaquent... Ainsi, dit-elle, nous ferons l'éducation de ce public. — Cela est-il bien certain ? Et ne risquez-vous pas de tendre un filet dont les mailles seront toujours assez serrées pour gêner les honnêtes gens, sans l'être suffisamment pour arrêter les faiseurs de dupes ? Enfin ne vaut-il pas mieux choisir nettement entre la liberté et l'intervention effective ?...

Cette question est trop complexe pour que nous ayons la prétention de la discuter ici. Nous nous bornons à l'indiquer et nous abordons sans autre retard l'examen des textes eux-mêmes des Projets de lois déposés par le Gouvernement. Ces Projets sont au nombre de trois :

1° Projet sur les Sociétés par actions ;

2° Projet sur les Obligations et Parts de fondateur émises par les Sociétés ;

3° Projet sur les Sociétés étrangères par actions.

PREMIÈRE PARTIE

LES SOCIÉTÉS PAR ACTIONS

D'après l'Exposé des motifs, « ce premier projet tend à l'amé-
« lioration et au complément des lois de 1867, de 1893 et de 1902.
« Il vise :

« 1° Les formalités relatives à la constitution des Sociétés ;
« 2° Les garanties à donner aux actionnaires au cours de
« l'existence de la Société ;
« 3° La réorganisation complète du régime de publicité des
« Sociétés, tant pour leur constitution que pour leur fonctionne-
« ment. »

Bien que le troisième chapitre se rattache très intimement à la
constitution des Sociétés, il y a, croyons-nous, avantage à res-
pecter l'ordre adopté par le législateur lui-même et à suivre
exactement la division qu'il a organisée.

Mais, avant d'entrer dans le détail de chaque chapitre, il n'est
pas inutile de rappeler succinctement ce que disent les lois de
1867, de 1893 et de 1902 que le Projet se propose d'améliorer et
de compléter.

Loi de 1867. La loi de 1867, chacun le sait, est la loi fondamentale en matière de Sociétés. Venant après le Code de Commerce dont les
prescriptions étaient trop sommaires pour être suffisantes, —
après la loi du 17 juillet 1856 relative à la Commandite par
actions, — après celle du 23 mai 1863 sur les Sociétés à responsabilité limitée, — la loi du 24 juillet 1867 a créé pour ainsi dire
la Société anonyme en la libérant de toute autorisation gouver-
nementale préalable. Elle traite successivement des Sociétés en
commandite par actions, des Sociétés anonymes, des Sociétés à
capital variable, et des Tontines et Sociétés d'assurances.

do 1893. Presque aussitôt, la révision de cette loi fut demandée. Pas plus en 1883-1884 qu'en 1875, les réformes présentées ne purent aboutir. Quelques modifications cependant trouvèrent place dans la loi du 1ᵉʳ août 1893, dont les innovations principales sont :

a) l'abaissement du taux minimum des actions, et l'importance du versement obligatoire pour que la constitution de la Société soit définitive,

b) l'interdiction de mettre les actions au porteur avant leur entière libération,

c) l'immobilisation des actions d'apport pendant deux ans après la constitution de la Société,

d) les responsabilités des titulaires, cessionnaires antérieurs et souscripteurs d'actions,

e) la question des nullités et des responsabilités qui en découlent,

f) la commercialisation de toutes les Sociétés par actions,

g) les constitutions d'hypothèques,

h) l'interdiction pour les Sociétés de répéter les intérêts ou dividendes payés sur des titres sortis au tirage, enfin quelques dispositions transitoires relatives principalement aux Sociétés antérieures.

e 1902-1903 Quant à la loi de 1902, il s'agit de celle promulguée, le 9 juillet, sur les actions de priorité et la négociation des actions d'apport en cas de fusion de Sociétés préexistantes, et qui fut presque immédiatement remaniée par celle du 16 novembre 1903 (1). Ces textes combinés ont pour objet d'autoriser la création d'actions de priorité, c'est-à-dire de « titres jouissant de certains avanta- « ges sur les autres actions ou conférant des droits d'antériorité

(1) Cette loi de 1902 fournit encore un bel exemple de la phraséologie déroutante des législations additionnelles. Bien qu'elle soit appelée « loi « sur les actions de priorité », elle contient un article 2 qui n'a rien de commun avec cette sorte de titres et qui, nous dit le texte, se rapporte au *« paragraphe 3 de l'article 3 de la loi du 24 juillet 1867, modifié par la loi « du 1ᵉʳ août 1893 »,* c'est-à-dire, en langage vulgaire, aux actions d'apport.

« soit sur les bénéfices, soit sur l'actif social, soit sur les deux ». Ils indiquent en outre les conditions moyennant lesquelles sera définitive une décision de l'Assemblée générale comportant modification des droits attachés à une catégorie d'actions. Enfin, ils complètent ce qui est dit par la loi de 1893 au sujet des actions d'apport dans le cas de fusion de Sociétés préexistantes.

Tels sont les trois documents législatifs que le Projet actuel entend réviser. Celui-ci n'a trait qu'assez indirectement aux actions de priorité ; il est permis de supposer qu'il modifie également le quorum des Assemblées appelées soit à créer des actions de priorité, soit à statuer sur la modification des droits appartenant à une catégorie d'actions.

CHAPITRE Ier

Constitution des Sociétés

Il est de banalité courante que l'avenir, la vie même d'une entreprise dépend presque toujours de sa constitution originelle. Comme tout être, une Société a toutes chances de vitalité si elle est bien constituée. Ce premier chapitre traite donc du sujet le plus essentiel.

1° *Taux des Actions.*

Le Code de Commerce était muet sur ce point. Il se bornait (article 34) à prescrire que toutes les actions (ou coupons d'actions) représentant le Capital social, fussent d'une valeur égale. C'est en 1856 qu'il en a été question pour les Sociétés en Commandite par actions et en 1867 pour les Sociétés anonymes. Toutes deux fixaient le minimum de cent francs par action ou coupon d'action, lorsque le capital social n'excède pas 200.000 francs et le minimum de 500 francs, quand le capital est supérieur à 200.000 francs.

En 1884, faisant une concession à une certaine tendance, le Sénat avait proposé d'abaisser à 50 francs le minimum pour les Sociétés dont le capital social n'excède pas 100.000 francs. Il

n'innovait pas en ce qui concerne les Sociétés à capital supérieur. Ces propositions, nous l'avons dit, n'ont pas eu de suites.

La loi du 1er août 1893 a institué le minimum de 25 francs par
action, ou coupure d'action, des Sociétés dont le capital n'excède
pas 200.000 francs et le minimum de 100 francs pour celles dont
le capital est supérieur.

Convenait-il de modifier cet état de choses ? Le Projet de loi
répond négativement. Nous n'entrerons pas dans le détail de
cette discussion qui a fait déjà l'objet d'une étude de notre Chambre Syndicale (1). A cette époque, nous contestions que l'action
de 25 francs fût désirable ; nous la considérions comme peu
démocratique malgré ses apparences, comme un instrument de
démoralisation funeste au plus grand nombre, comme ne constituant ni un progrès économique ni un progrès moral et comme
renfermant au contraire les germes d'une nouvelle cause de
lutte entre le Capital et le Travail. Nous nous refusions aussi à
admettre qu'elle pût se réclamer de la Liberté, car celle-ci com-
manderait qu'aucun minimum ne fût fixé, et nous concédions
que cette dernière solution serait la seule rigoureusement conforme aux traditions libérales de notre Société, qui entendent
que chacun apprenne à se garder soi-même au lieu de toujours
chercher protection dans la police de l'Etat ou dans la Loi.

L'opposition très vive que nous manifestions alors contre les
arguments spécieux des promoteurs de « l'action de 25 francs »
demeure la même, et nous approuvons le Projet de loi de s'en
tenir sur ce point à la législation existante.

2° *Versement nécessaire.*

La loi de 1867 et le Projet voté par le Sénat en 1884 se bor-
naient à dire qu'une Société ne peut être définitivement constituée qu'après la souscription intégrale du capital et le versement par chaque actionnaire du quart au moins du montant des
actions par lui souscrites. Le législateur de 1867 n'ayant pas sti-
pulé que ce versement dût être effectué en espèces, la Commission extra-parlementaire de 1882 relevait que la jurisprudence
de la Cour de Cassation admettait des équipollents, c'est-à-dire
des versements opérés en valeurs d'une réalisation certaine et
immédiate. Mais le Sénat n'avait pas suivi la Commission dans
cette voie et le Projet voté par lui, en 1884, spécifiait l'obligation
du versement en espèces.

(1) L'Action de 25 francs dans les Sociétés Commerciales, Rapport présenté par M. Michel Guilland dans la séance du 20 novembre 1900.

Ce principe a été adopté par la loi du 1er août 1893. Celle-ci, en outre, subordonne la validité de la constitution définitive d'une Société au versement, par chaque actionnaire, du montant intégral des actions ou coupons d'actions lorsque celles-ci n'excèdent pas 25 francs, et du quart au moins lorsqu'elles sont de 100 francs et au-dessus.

Ainsi qu'on l'a justement observé, ce libellé ne prévoit rien pour les actions d'un taux, supérieur à 25 francs, mais inférieur à 100 francs. C'est à quoi remédie le projet actuel, en obligeant chaque actionnaire à verser, en espèces, 25 francs au moins lorsque le taux des actions ne dépasse pas 100 francs et le quart au moins quand les actions sont de plus de 100 francs. On ne peut qu'approuver cette solution qui a le mérite d'être claire et simple, et qui est préférable à celle que le Sénat avait préconisée en 1884 quand il prescrivait le versement du quart même pour les actions de 50 francs.

3° *Négociabilité de l'action.*

Aux termes de la loi de 1867, les actions étaient négociables après le versement du quart, et, si les statuts le prévoyaient, elles pouvaient être mises au porteur une fois libérées de moitié.

Le Sénat, en 1884, employait, au point de vue de la négociabilité, une formule plus heureuse : dès l'instant qu'une Société n'est, on vient de le dire, constituée définitivement que moyennant des conditions déterminées de souscription et de versement, il est inutile d'y revenir et il suffit d'inscrire dans la loi que « les actions ou coupures d'actions ne sont négociables qu'après la constitution définitive de la Société ». Il est surprenant que la Commission extra-parlementaire de 1902, qui s'est inspirée à chaque pas des remarquables travaux de sa devancière de 1882, n'ait pas retenu cette si judicieuse rédaction. Nous espérons que celle-ci sera reprise devant le Parlement.

En ce qui concerne la mise au porteur, le législateur de 1884 ne l'autorisait qu'après la libération intégrale et sous la condition qu'elle fût prévue par les statuts. La loi du 1er août 1893 prescrit également que les actions restent nominatives jusqu'à leur entière libération. Mais elle ne subordonne pas la mise au porteur à une autorisation préalable des statuts.

Le projet de loi n'innove pas sur ce point. Il s'en tient à la législation actuelle, telle qu'elle est inscrite dans la loi de 1893.

Une question reste en suspens : quelle est la sanction dans le cas où des cessions d'actions ont eu lieu contrairement aux dispositions de la loi ? Malgré la lettre stricte de la loi de 1867 (article 7), la nullité de la Société elle-même ne saurait en résulter. Les délinquants risqueront-ils une amende, un emprisonnement ? Les cessions irrégulières seront-elles annulées ? Notre loi est muette à cet égard et le Projet observe le même silence. Dans d'autres pays, en Italie par exemple (article 137 du nouveau Code), il est dit expressément que la vente est nulle et de nul effet, et que le vendeur peut être contraint à restituer les sommes qui lui ont été versées comme prix de la cession.

4° Actions d'apport et Parts de fondateur.

Le Projet vient de parler des actions souscrites contre espèces. Il est d'autres titres, également créés au moment de la formation de la Société, mais qu'il convient de traiter différemment. Ce sont les actions d'apports et les parts de fondateurs.

Les unes et les autres peuvent servir à rémunérer soit des apports, soit des services rendus. Mais l'action d'apport est inaliénable pendant deux ans (1) à partir de la constitution de la Société, tandis que la part de fondateur est immédiatement négociable. Nous élargirions trop le cadre de cette étude, si nous voulions examiner ici les caractères distinctifs de ces deux natures de titres. Nous n'y sommes d'ailleurs point encouragés par les essais de classification ou de définition tentés par le Projet de loi. Celui-ci, en effet, distingue :

D'une part, l'action d'apport et « *tout titre créé sous quelque nom que ce soit, en représentation d'apports en nature ou en rémunération de services au profit des fondateurs ou d'autres personnes* », inaliénables pendant deux ans ;

D'autre part, la part de fondateur ou bénéficiaire, c'est-à-dire « *tout titre négociable qui ne donne droit qu'à une part dans les bénéfices* », représentant « *les avantages consentis aux fondateurs ou à toute autre personne* », négociable à partir de la constitution de la Société.

Sans doute, trouvera-t-on comme nous que voilà deux définitions dont il est singulièrement malaisé de saisir la signification exacte et les différences. Nous avons vainement cherché à nous éclairer par la lecture de l'exposé des motifs et du rapport déposé par M. Chastenet au nom de la Commission de la

(1) Exception faite, bien entendu, pour le cas de fusion de Société préexistantes prévu par les lois de juillet 1902 et novembre 1903.

Réforme judiciaire près la Chambre des Députés. Cette lecture n'a fait qu'accroître notre embarras.

Le rédacteur du Projet a-t-il voulu, comme cela paraît vraisemblable, mettre d'un côté tout titre, appelé action ou autrement, — remis aux fondateurs ou à d'autres personnes, en payement d'apports en nature ou en rémunération de services rendus, — mais ayant le caractère d'une *action*, c'est-à-dire un droit de co-propriété dans l'actif social, et, d'un autre côté, tout titre, appelé part de fondateur ou autrement, et quelles que soient aussi la personne du bénéficiaire et la cause de l'avantage, mais n'ayant aucun droit dans l'actif social ? Mais alors, il eût fallu l'exprimer clairement et dire que « l'inaliénabilité biennale « ne s'applique pas aux titres, — dénommés parts de fondateurs « ou autrement, — *n'ayant aucun droit dans l'actif social*, qui « peuvent être remis aux fondateurs ou à toute autre person- « ne ». Cette rédaction n'est peut-être pas irréprochable ; mais elle aurait le double mérite d'exprimer nettement ce que l'on veut dire et de donner de la Part de fondateur une définition plus conforme à la pensée du législateur actuel. Au surplus, et soit dit en passant, le Projet croit avoir défini la part de fondateur en indiquant qu'elle ne donne droit qu'à une participation dans les bénéfices, et il en conclut que, par ces expressions, il exclut pour la Part un droit quelconque dans l'actif social. Cela est-il bien certain ? Et la vérité n'est-elle pas que la Part de fondateur n'a aucun droit, — non pas dans l'actif social, car celui-ci peut être constitué par des bénéfices auxquels la Part a droit, — mais dans le *Capital social ?*

L'honorable rapporteur de la Commission de la Réforme judiciaire près la Chambre des Députés présente une autre solution. D'après lui, ce qu'il faut considérer, ce n'est pas la nature du titre, c'est la qualité en laquelle le bénéficiaire reçoit ce titre. Ainsi, d'après lui, tout titre, quels que soient son nom et sa nature, qui est attribué à un rapporteur *en représentation de son apport*, ne peut être négociable qu'après deux ans ; tout titre, au contraire, quels que soient son nom et sa nature, qui est attribué même à un apporteur, *mais à titre de fondateur et non en représentation de son apport*, peut être négocié de suite... Il se trouvera certainement à la Chambre quelqu'un qui priera le rédacteur du Projet et son rapporteur de se mettre d'accord ; le meilleur, peut-être le seul moyen sera sans doute de n'adopter ni l'une ni l'autre des explications proposées, et de revenir à l'honnête simplicité de la rédaction du Sénat. « *Les apports en « nature*, disait l'article 7 voté en 1884, ne peuvent être repré-

« sentés que par des actions libérées en totalité », lesquelles
sont inaliénables pendant deux ans ; « les avantages consentis
« aux fondateurs et à toute autre personne, disait l'article 8,
« peuvent être représentés par des titres cessibles ou négocia-
« bles ». Voilà qui est parler clair, — ce qui est essentiel en
matière de législation.

5° *Bulletin de souscription.*

L'Exposé des motifs ne saurait prétendre avoir inventé le
bulletin de souscription. Son ambition ne peut être que de le
rendre obligatoire. Nous voyons cependant qu'il parle de « la
« création de ce bulletin » comme d'une « des plus importantes
« innovations du Projet ». Le Rapport de M. Chastenet s'expri-
me de même en le qualifiant de « document nouveau ». En
réalité, le bulletin de souscription n'est pas nouveau, car il est
depuis longtemps usité, comme représentant le véritable engagement du souscripteur. L'innovation consiste à rendre obligatoire un certain bulletin de souscription contenant des énonciations déterminées.

L'attention de la Commission de 1883 s'était déjà portée sur ce
point, et nous voyons que le Sénat avait prévu, en 1884, un
bulletin de souscription relatant :

a) l'indication sommaire de l'objet de la Société,

b) le montant du capital social,

c) la partie du capital représentée par des apports,

d) la partie du capital à réaliser en espèces,

e) les avantages particuliers réservés aux fondateurs,

f) la date de la publication du projet d'acte de Société,

Le Projet actuel renchérit encore sur ces prescriptions. Il
énumère :

1) la raison sociale et, s'il y a lieu, la dénomination de la
Société,

2) le siège social,

3) l'objet de l'entreprise,

4) la durée de la Société,

5) le montant du capital social et le taux de chaque action,

6) la désignation de l'Etablissement où les fonds doivent être
déposés,

3

7) le mode de libération adopté pour chaque action,

8) l'énumération des avantages stipulés au profit du gérant ou de toute autre personne,

9) la désignation des apports et le mode de rémunération proposé,

10) la forme dans laquelle doivent être faites les convocations aux assemblées générales,

11) la référence au Bulletin annexe du *Journal Officiel* dans lequel aura été faite la publication du projet de Statuts,

12) enfin, mais seulement pour les Sociétés anonymes, le mode de nomination des premiers administrateurs.

Plusieurs de ces indications se trouvent dans les bulletins de souscription actuellement usités. Il est certain, en effet, qu'il semble indispensable de faire connaître aux souscripteurs la raison sociale, le siège social tout au moins provisoire, le montant du capital, le taux des actions et le mode de leur libération. Rien à dire non plus de l'objet de l'entreprise ni de la durée de la Société, qu'il est logique de spécifier clairement. On peut également ne pas s'opposer à la désignation de l'Etablissement où les fonds des souscripteurs seront déposés, ainsi qu'à la spécification des apports et de leur rémunération proposée. Enfin, nous ne voyons aucun inconvénient à ce qui concerne les convocations aux Assemblées générales, et la publication du Projet des Statuts.

Au sujet du Capital, le Sénat était plus explicite : il voulait une indication très nette de la portion du capital représentée par des apports et de celle à réaliser en espèces. Assurément, en lisant la désignation des apports et du mode de leur libération, un souscripteur avisé saura tirer les conséquences et en déduire que le capital annoncé se réduira en réalité à telle somme en espèces. Mais les textes de lois ne doivent pas être faits pour les gens avisés ; la prétention du Projet actuel est même d'intervenir en faveur de ceux qu'il appelle ignorants et naïfs. Cela étant, le mieux est d'user de la brutalité simpliste des chiffres et d'exiger que, après l'énonciation du capital social, le bulletin de souscription inscrive les mots « dont fr... en actions libérées « à remettre en payement des apports et fr... à souscrire en « espèces ».

De la rédaction sénatoriale de 1884, nous regrettons aussi l'énonciation des avantages particuliers réservés aux fondateurs. Un fondateur peut recevoir autre chose que des actions d'apport, ne serait-ce que des parts de fondateur ou toute autre participation fixe ou temporaire dans les bénéfices. Le Projet de loi, il est vrai, prévoit l'indication des avantages stipulés « au profit du gérant *ou de toute autre personne* ». Mais, par là même que ces dernières expressions sont accolées au mot « gérant », il est permis de supposer que leur sens doit être restreint à ceux (gérants, administrateurs, directeurs, commissaires, etc.), qui sont préposés à la direction et à la surveillance de l'affaire. Dans tous les cas, une équivoque est possible. Le mieux est de l'éviter en ordonnant que le bulletin de souscription mentionne les avantages destinés aux fondateurs ou à tous autres.

Par contre, nous demandons la suppression de ce qui concerne les gérants ou toutes autres personnes chargées de la direction ou de la surveillance. Autant il est admissible et même désirable que le souscripteur éventuel connaisse les charges *statutaires* dont les promoteurs de la Société peuvent vouloir grever celle-ci, autant nous comprenons peu l'utilité et même la possibilité de déclarer à l'avance quel sera, par exemple, le traitement d'un gérant ou d'un administrateur délégué, ou encore quelle sera la valeur des jetons de présence que l'Assemblée allouera au Conseil de Surveillance ou d'Administration.

Avec la Chambre de Commerce de la Meuse, nous voudrions que le bulletin de souscription fît connaître les noms, professions et domiciles des fondateurs et des apporteurs, avec l'indication des Sociétés dans lesquelles ils remplissent déjà, le cas échéant, les fonctions d'administrateur, de commissaire des comptes, de gérant, censeur ou membre de conseils de surveillance. Le dicton populaire l'affirme : tant vaut l'homme, tant vaut l'affaire. Et n'est-il pas essentiel pour un souscripteur de savoir quelle est la personnalité sur la foi, sur les déclarations de laquelle il va donner son argent ?

Le bulletin de souscription, pour les Sociétés anonymes, devra enfin, nous dit le Projet, indiquer le mode de nomination des premiers administrateurs. Nous désirerions davantage. Le premier Conseil d'Administration peut être nommé par l'Assemblée générale qui constitue définitivement la Société ; dans ce cas, rien à dire, car on ne peut normalement préjuger des choix de cette Assemblée. Mais ce premier Conseil est souvent désigné d'ores et déjà par les statuts ; lorsqu'il en est ainsi, il est bon que le bulletin de souscription donne les noms, domiciles, professions et qualités diverses des administrateurs proposés, car si nous estimons qu'il est essentiel de signaler aux souscripteurs quelles personnes fondent la Société, il ne l'est pas moins de leur dire quelles personnes l'administreront, du moins à l'origine.

On peut objecter que tout cela constitue un formalisme bien compliqué et que ce n'est pas en multipliant les énonciations obligatoires qu'on apprendra au public à saisir le fond des choses, ce qu'on appelle communément la vérité vraie, car lire et comprendre sont deux. Ce document, ajoute la Chambre de Commerce de la Meuse, fera double emploi avec la publicité dans le Bulletin annexe du *Journal Officiel*. Cette seconde critique nous touche moins que la première. Sans doute, les énonciations seront les mêmes sur le bulletin de souscription et dans l'annexe du *Journal Officiel*. Mais celle-ci, on le comprend aisément, sera un instrument de publicité plutôt théorique, qui risque de passer inaperçu et d'être inutile pour la plupart des intéressés, tandis que le bulletin de souscription, par cela seul qu'il est le document à signer par le souscripteur, devra forcément se trouver sous les yeux, dans les mains de celui-ci. Il n'y a donc pas double emploi, tout au moins au point de vue des résultats effectifs de la publicité.

Quant au formalisme excessif, il serait puéril de le nier. De plus, à vouloir tout prévoir, on risque de tout compliquer. Comment procèdera-t-on si, après avoir lancé les bulletins de souscription, on s'aperçoit que quelque changement est nécessaire dans l'organisation de la Société ? La nullité de la souscription en résultera-t-elle ?... Autant de questions pratiques que l'esprit trop théorique du Projet de loi ne semble pas avoir entrevues... Nous voudrions un bulletin de souscription se bornant aux grandes lignes, résumant l'essence même de l'entreprise en vue de laquelle des concours financiers sont sollicités et faisant connaître ceux qui la fondent et la dirigeront ; nous le voudrions ainsi, non seulement pour l'édification des souscripteurs éventuels, mais aussi dans l'intérêt des fondateurs eux-mêmes, auxquels, en cas de mauvaise fortune, on aura d'autant moins de reproches à adresser qu'ils auront plus clairement fait connaître la nature et l'étendue des engagements à prendre.

Le Projet de loi requiert les mêmes énonciations sur le prospectus offrant au public des actions d'une Société primitivement constituée sans souscription publique. Cela est logique.

6° *Dépôt des fonds versés par les souscripteurs, et leur retrait.*

« Les fonds provenant des souscriptions, dit le Projet, sont « déposés par les gérants dans l'un des établissements suivants :

« Banque de France, Caisse des Dépôts et Consignations, Crédit
« Foncier de France ».

Par gérants, entendons naturellement les fondateurs de la
Société quelle qu'elle soit, anonyme ou en commandite. En leur
imposant cette obligation, la Commission extraparlementaire et
le Gouvernement pensent éviter les versements fictifs. D'après
eux, on voit trop souvent des fondateurs malhonnêtes simuler
des souscripteurs et « louer des capitaux pour une comédie »
de versements, — fraude pernicieuse qu'ils prétendent déjouer
par la nécessité de verser les fonds dans un des trois établissements publics désignés.

L'idée n'est pas nouvelle, — pas plus que la fraude —. Elle fut
discutée en 1884 par le Sénat et celui-ci, très sagement à notre
avis, la repoussa. Les personnes d'expérience pratique (1) estiment, en effet, que la mesure proposée est vaine en tant que
précaution et constituera une gêne à plusieurs points de vue.
Précaution vaine, — car, même pour le déposer dans une caisse
d'Etat, on trouvera toujours de l'argent à emprunter en vue de
versements fictifs, aucuns caissiers, même ceux de l'Etat,
n'ayant le don divinatoire de distinguer la pièce de cent sous
versée sérieusement de celle qui ne l'est pas. Une gêne, — car
rien n'est simple quand il s'agit d'un versement dans une Caisse
publique, encore moins quand il est question d'un retrait. Gêne
encore, — parce que les Sociétés en formation ont presque toujours besoin du concours des banques locales, concours qui leur
est souvent même indispensable et qui leur fera défaut, s'il n'est
plus possible de faire participer ces banques à l'émission en
leur confiant le soin de recueillir et d'encaisser les souscriptions.
Gêne enfin, — parce que ces banques particulières consentent un
intérêt d'argent minime sans doute, mais non négligeable, et
qu'on ne saurait, dans le silence du Projet, espérer la même
faveur des Caisses publiques. On ne saurait objecter que cela
n'empêchera pas les banques locales de recevoir provisoirement
souscriptions et versements ; le nom de l'Etablissement choisi
pour encaisser les fonds doit, en effet, figurer sur le bulletin de
souscription, et cela implique l'engagement de confier à cet
Etablissement, aussitôt qu'elles sont versées par chaque souscripteur, toutes les sommes provenant des souscriptions.

Voilà pour le dépôt. Quant au retrait, il ne sera pas possible
tant que la Société ne sera pas définitivement constituée et sans

(1) Voir le Rapport présenté par M. G. Couve à la Chambre de Com
merce de Marseille. (Projets de lois sur les Sociétés par actions).

doute même tant que les formalités de publicité ne seront pas exactement remplies. Mais alors, comment le fondateur soldera-t-il les dépenses qui fatalement s'imposent presque de suite, en dehors même des droits d'enregistrement pour le payement desquels le délai est rigoureux ? Sans parler des sages lenteurs habituelles aux Caisses administratives, notons en outre que, pour le retrait des fonds, seront nécessaires les signatures de tous les gérants ou de tous les administrateurs en fonctions. Par grande faveur, on leur concède la possibilité d'agir par mandataires. Mais tel administrateur peut être malade au point de ne pouvoir ni signer ni même autoriser une procuration, tel autre peut être assez éloigné pour qu'un temps précieux soit perdu et que tout en souffre.

Ces prescriptions sont fâcheuses et nous demandons au Parlement de les rejeter comme constituant un formalisme injustifiable.

Encore un mot. La Société peut ne pas se constituer : qu'adviendra-t-il de l'argent des souscripteurs ? L'exposé des motifs est très net : « les fonds déposés seront rendus *aux fondateurs* » (page 11 de l'exposé). Le Rapport de M. Chastenet n'est pas moins catégorique, mais pour affirmer le contraire (page 19) : « En cas de non-constitution de la Société, la restitution des « fonds déposés est faite *individuellement aux souscripteurs* « dont le bulletin de souscription constitue le titre de créance. « Cette disposition n'est pas inscrite dans le Projet, mais la « solution résulte du droit commun, et la Commission extra-« parlementaire l'avait expressément admise ». C'est dans ce dernier sens que statue la loi italienne (article 133) et tout semble lui donner raison, la logique comme le bon sens. Si, en effet, la Société ne se constitue pas, il n'y a plus de fondateurs, il n'y a plus que des déposants nantis d'un droit individuel de créance. Etant donné la divergence absolue de vues entre l'Exposé gouvernemental et le Rapport à la Chambre, il importe que ce point soit relevé devant le Parlement : quelle que soit la Caisse où les fonds seront déposés, la restitution doit être faite à chaque souscripteur, en cas de non-constitution de la Société.

7° *Formalités exigées des Gérants ou Fondateurs.*

Les innovations proposées sont de plusieurs ordres :

a) Comme le Sénat l'avait fait en 1884, le Projet propose que par assimilation à ce qui existe pour les Sociétés anonymes, les gérants des Sociétés en commandite par action soient tenus, eux aussi, de soumettre à la première Assemblée générale, pour qu'elle en vérifie la sincérité, la déclaration de souscriptions et de versements, avec pièces à l'appui. Nous approuvons pleinement cette unification.

La Société Industrielle de l'Est (1) voudrait que cette unification fût établie en sens inverse, c'est-à-dire que les déclarations des fondateurs, en matière de Sociétés anonymes, fussent soumises aux Commissaires des Comptes et non plus à l'Assemblée générale, par identité avec ce qui se pratique actuellement pour les Sociétés en commandite où la déclaration du gérant est vérifiée par le Conseil de Surveillance. Le motif qu'elle donne est qu'une vérification n'est sérieuse que si elle est confiée à un petit nombre de personnes. Cet argument est fait pour toucher. Nous ne pouvons cependant nous associer à ce vœu. Le premier acte préparatoire à la constitution définitive d'une Société est la constatation et la vérification que les formalités relatives à la fondation de cette Société ont été régulièrement accomplies, et ce n'est qu'après ce premier acte que les administrateurs et, dans tous les cas, les Commissaires des Comptes sont nommés. Comment donc ces derniers pourraient-ils faire preuve d'existence avant même d'être nés ? M. Bourcart paraît l'avoir compris quand il ajoute que les Commissaires rendront compte de cette vérification dans leur Rapport sur le premier exercice social. En effet, ce n'est qu'alors qu'ils pourront prendre la parole. Mais il serait trop tard pour avertir les actionnaires que la Société est irrégulièrement constituée.

b) Il ne sera plus nécessaire que la déclaration des gérants ou fondateurs soit constatée dans un acte notarié. Le Sénat avait reculé devant cette innovation. En 1884, comme aujourd'hui, on a fait observer que le ministère d'un notaire présente de sérieux avantages. A quoi la Commission extra-parlementaire de 1902 et l'Exposé des motifs du Projet répondent que « les économies ne sont pas à dédaigner » et que le notaire, se bornant à recevoir une déclaration dont il n'est aucunement responsable, remplit l'office d'un simple bureau d'enregistrement, d'où il suit qu'il faut supprimer une dépense qu'elle juge inutile.

Nous ne partageons pas cette opinion sur le rôle des notaires. Ceux qu'il nous est donné de connaître n'entendent pas leur

---

(1) Rapport de M. BOURCART au Conseil de législation industrielle et commerciale de la Société industrielle de l'Est. Nous aurons à citer souvent cette étude, une des plus documentées et des plus complètes que nous connaissons sur la réforme proposée, à côté des travaux spéciaux des jurisconsultes.

ministère d'une manière aussi étroite. Ils ont coutume de contrôler, de scruter attentivement les déclarations qui leur sont apportées, d'examiner avec soin la capacité civile des fondateurs et des souscripteurs, la régularité des titres de propriété et des biens apportés. Et, si tout ne leur semble pas régulier, clair, avouable, ils refusent d'associer si peu que ce soit leur nom, leur qualité d'honorable officier ministériel à des manœuvres ou même à des obscurités dont ils seraient, sinon légalement, du moins moralement complices. Au surplus, il est humain de supposer que tel fondateur, qui n'hésiterait pas à dicter des affirmations suspectes à ce simple bureau d'enregistrement qu'est le greffe d'un tribunal de commerce, ne se livrant à aucun examen, à aucun contrôle, recule devant les yeux clairvoyants et les interrogations avisées d'un notaire, soucieux de remplir ses devoirs professionnels.

Nous repoussons donc l'innovation proposée comme dangereuse à tous égards sous ses apparences de libéralisme. Apparences, disons-nous, car elle n'éviterait même pas les frais. Peut-on raisonnablement supposer, en effet, que la loi suffira à guider les fondateurs de Sociétés et que ceux-ci, à défaut d'un notaire, ne consulteraient pas un avocat ou un homme d'affaires ? Et ces consultations seront-elles plus gratuites que le ministère du notaire, si même elles ne sont pas plus coûteuses parfois sans être toujours aussi efficaces ?

On s'est demandé s'il convenait d'adopter ici les procédés « interventionnistes » d'autres pays, qui chargent par exemple le tribunal de commerce de vérifier si les conditions légales ont été observées par les fondateurs. On ne l'a pas pensé. Et notre doctrine personnelle est trop libérale pour que nous en jugions autrement. Une erreur peut, d'ailleurs, toujours se commettre, et il ne faudrait pas, en ce cas, que l'affirmation officielle d'un tribunal vint en quelque sorte couvrir la responsabilité des fondateurs en proclamant mal à propos une légalité qui n'existerait pas.

8° Vérification des apports et des avantages particuliers.

C'est ici qu'on a le plus philosophé. « Ne point sacrifier la « liberté des conventions à l'intérêt de ceux que leur crédulité « et leur confiance peuvent entraîner à des placements dange- « reux, — et ne point non plus sacrifier cet intérêt, qui est celui « du plus grand nombre, à la liberté des conventions. », disait M. Bozérian en 1884. La Commission extra-parlementaire de

1902 et le Gouvernement s'expriment de même ou à peu près. Autant dire qu'on ne voulait rien faire. Et c'est ce qui s'est produit : nous retrouvons ici absolument intactes les dispositions de la loi de 1867.

Celles-ci, on le sait, peuvent être résumées ainsi. Lorsqu'un associé fait un apport qui ne consiste pas en numéraire ou stipule à son profit quelque avantage particulier, la première assemblée générale doit charger un ou plusieurs commissaires (qui sont ordinairement des actionnaires) de dresser un Rapport sur la valeur de l'apport ou la justification de l'avantage particulier. Ce Rapport est soumis à une deuxième assemblée générale, qui statue à la majorité, étant entendu que cette majorité doit comprendre au moins le quart du capital social espèces, sans que l'associé qui fait un apport ou stipule un avantage particulier ait voix délibérative. Ce n'est qu'après l'approbation de cette deuxième assemblée que la Société est définitivement constituée.

On a vivement critiqué le système comme insuffisant et inefficace. Il est souvent difficile, dit-on, d'apprécier mathématiquement la valeur d'un apport. D'autre part, l'apporteur est presque toujours le fondateur lui-même, et les actionnaires, pleins de confiance en lui puisqu'ils ont souscrit sur la foi de ses affirmations, sont incapables de discuter sérieusement ses demandes. Si encore, ajoute-t-on, la valeur de l'apport était toujours et tout entière réclamée en espèces, peut-être l'actionnaire réfléchirait-il ; mais il s'agit assez fréquemment d'une rémunération en actions ou en participation bénéficiaire et cela rend l'actionnaire encore plus confiant dans l'excellence d'une affaire à la fortune de laquelle l'apporteur est prêt à se lier. Pour conclure, certains demandent l'intervention d'experts nommés soit par l'Etat, soit par les Tribunaux civils.

Sans aller aussi avant dans la voie protectionniste, d'excellents esprits, — parmi lesquels l'éminent M. E. Thaller —, repoussant l'intrusion de l'Etat, car celui-ci « ne tient pas seule- « ment les entreprises en lisière, il les empêche de naître (1) », — rejetant aussi celle de la justice ordinaire, malgré l'exemple de l'Allemagne, — d'excellents esprits disons-nous, réclament, pour l'estimation des apports ou des avantages particuliers, des experts ou reviseurs, étrangers à la Société, et désignés par l'autorité qui représente les intérêts du Commerce, c'est-à-dire par les Tribunaux ou les Chambres de Commerce. Ces experts pour-

(1) La formule est de M. E. Thaller.

4

raient en outre opérer au moment de l'introduction des titres
sur le marché, et aussi lors de la présentation des comptes
annuels aux actionnaires.

D'autres enfin voudraient qu'on suivît en France la pratique
usitée en Angleterre, où existent des groupements tels que « The
« Institute of Chartered accountants in England and Wales »,
ou « The Society of accountants and auditors », sortes d'associations libres de vérificateurs qualifiés et diplômés, dont, au point
de vue comptable, les analogues sont chez nous les corporations
d'experts comptables agréés ou de comptables professionnels (1).

En 1884, le Sénat avait adopté un terme moyen : sans rendre
obligatoire l'estimation par des experts étrangers à la Société,
il la voulait facultative en ce sens que, si cela était réclamé par
le quart des actionnaires présents à l'assemblée, les apports et
avantages particuliers devraient être appréciés par un ou trois
vérificateurs désignés par le Tribunal de Commerce, contradictoirement avec un délégué des actionnaires réclamants.

Nous prônerions volontiers cette dernière solution qui n'attente pas au libre arbitre des actionnaires, et qui est un achemi-
nement vers le système, que nous ne saurions trop recomman-
der, et qui consiste à utiliser, pour l'évaluation des apports et
avantages particuliers, la compétence et la liberté d'esprit de
professionnels expérimentés et étrangers à la Société. L'une et
l'autre qualité sont également précieuses. Il peut arriver que,
parmi les actionnaires, il ne s'en trouve aucun qui possède les
connaissances techniques ou autres que réclame l'appréciation
saine et autorisée de la valeur marchande des apports. Il est certain aussi que le souscripteur, entraîné trop souvent à prendre
ses désirs pour des réalités, n'a pas le sang-froid qu'apportera
dans son examen un étranger, et qu'il apporterait lui-même
sans doute s'il s'agissait d'une affaire à laquelle il n'a pas souscrit. Que d'entreprises ont sombré peu après leur naissance qui
ne se seraient pas constituées si l'on avait, avant de se mettre en
route, consulté sur les apports quelque tiers compétent, cons-
ciencieux et indépendant. Nous verrions donc avec plaisir le
législateur, sinon imposer l'intervention de vérificateurs étrangers à la Société en formation, du moins la prévoir comme
l'avait fait le Sénat. Dans ce dernier cas, il conviendrait,
croyons-nous, de réglementer la nomination et la mission de ces

(1) C'est ainsi qu'existe à Marseille la « Compagnie des Experts-Compta-
bles des Bouches-du-Rhône », qui rend de grands services et en rendrait
plus encore si le public savait mieux les utiliser.

experts : nomination par le Tribunal ou la Chambre de Commerce, — prestation du serment, — faculté de s'adjoindre des techniciens de leur choix, s'il en est besoin, — pas de gratuité, mais des émoluments qui pourraient être fixés par la loi comme en matière judiciaire, — et, par voie de conséquence, responsabilité effective. C'est ce que demande, sauf erreur, la Chambre de Commerce de la Meuse et nous estimons que ce vœu mérite d'être pris en considération.

9° *Pénalités.*

Le Projet de loi (article 7) demande que, en vue de l'amende de 500 à 10.000 francs, l'emprisonnement puisse être prononcé contre ceux qui auront émis des actions ou coupures d'actions d'une Société constituée contrairement aux prescriptions de la loi, et contre les gérants qui auront commencé les opérations sociales avant l'entrée en fonctions du Conseil de Surveillance.

Dans son article 8, il corrige en outre la rédaction de l'article 14 de la loi de 1867, en punissant la négociation, la participation à la négociation et la publication de la valeur d'actions dont la forme ou la valeur serait contraire aux dispositions légales, ou sur lesquelles le « versement exigé par la loi » (au lieu de « versement du quart ») n'aurait pas été effectué.

Nous ne voyons rien à objecter à ces dispositions nouvelles. La seconde se borne à mettre la loi en harmonie avec elle-même. Quant à la peine de l'emprisonnement, — malgré la recommandable formule qu'il vaut mieux prévenir que punir —, elle nous paraît acceptable ; à la condition toutefois que les tribunaux ne soient pas entraînés à une sévérité déplacée et qu'ils distinguent soigneusement la simple erreur de la mauvaise foi, impitoyables pour celle-ci mais indulgents à celle-là (1).

Ces observations sont les dernières que nous ayons, — pour le moment —, à présenter au sujet de la Constitution des Sociétés. Nous aurons à y revenir lorsque nous examinerons le système de publicité inauguré par le Projet. Sous cette réserve, nous abordons le second chapitre, qui a trait au fonctionnement des Sociétés par actions.

---

(1) Dans l'excellent Rapport qu'il a présenté, le 11 mai 1905, à la Chambre de Commerce de Rouen, M. M. Lemarchand signale l'inconvénient de pénalités dont la gravité risque d'écarter des grandes affaires des hommes honorables qui ne se soucieraient point d'être, pour une omission ou une simple erreur, assimilés à des banqueroutiers.

CHAPITRE II

Fonctionnement des Sociétés

1° *Des Commissaires des Comptes et du Conseil de Surveillance.*

Le Projet de loi part d'une situation acquise. Considérant que tout, ou presque tout, dans l'état actuel de notre législation, différencie le gérant d'une Société en commandite par actions de l'administrateur d'une Société anonyme, il en déduit que les fonctions du Conseil de surveillance, chargé de contrôler le gérant, n'ont que peu de rapports avec celles des Commissaires des comptes nommés pour surveiller la gestion du Conseil d'administration. La déduction est logique. Mais encore aurait-on le droit d'examiner si la loi ne devrait pas assimiler presque complètement gérants et administrateurs, surtout quand il s'agit d'administrateurs délégués sous une forme quelconque à la gestion, à la direction quotidienne de l'entreprise. Et de fait c'est ne voir guère que la surface des choses que déclarer a priori que la responsabilité du gérant, la durée de ses fonctions, l'étendue de ses pouvoirs, etc., « ne ressemblent en rien à la situation des administrateurs ». Bien souvent, en pratique, pouvoirs et durée des fonctions sont les mêmes chez l'un et chez l'autre.

Mais cette discussion n'est pas à sa place ici. Nous n'examinerons pas davantage, et pour le même motif, la suggestion de M. Thaller, qui voudrait que les administrateurs d'une Société anonyme ne fussent pas obligatoirement actionnaires de cette Société. Et nous notons rapidement l'innovation, d'ailleurs heureuse, du Projet de loi actuel.

Actuellement, les Commissaires des Comptes ne peuvent prendre communication des livres et des opérations sociales que pendant le trimestre qui précède l'époque fixée pour la réunion de l'Assemblée générale ; le Projet de loi leur accorde ce droit toutes les fois qu'il jugent convenable d'en user dans l'intérêt social, et à toute époque. Notre approbation est entière pour une réforme existant depuis longtemps en Allemagne, en Autriche, en Angleterre, etc. ; nous estimons que le législateur doit conférer aux Commissaires de grands pouvoirs, afin de leur donner plus largement conscience de leurs droits et de leurs responsabilités, et d'en faire ce qu'ils doivent être réellement, c'est-à-dire des contrôleurs.

On s'est demandé s'il ne conviendrait pas d'autoriser les Commissaires des Comptes à assister, comme simples auditeurs, aux réunions du Conseil d'Administration. La présence, même muette des Commissaires suffirait souvent, dit-on, pour empêcher les administrateurs de « s'engager dans des voies anti-statutaires ». Sur ce point, nous partageons l'avis négatif de l'Exposé des motifs ; il repousse une ingérence qui ferait des Commissaires « des administrateurs irresponsables auprès d'admi-« nistrateurs responsables ». Toutefois, nous ne verrions aucun inconvénient à ce que la loi leur accordât le droit de requérir communication des procès verbaux des séances du Conseil d'administration.

Le Projet de loi voté en 1884 par le Sénat chargeait les premiers Commissaires des Comptes de vérifier si toutes les formalités exigées pour la valable constitution de la Société ont été accomplies. Nous avons eu occasion de nous expliquer précédemment sur cette question de vérification, en discutant la thèse semblable soutenue par la Société industrielle de l'Est.

Enfin, les Commissaires des Comptes devraient-ils être toujours et obligatoirement choisis parmi les actionnaires ? Bien des gens croient qu'il en doit être ainsi et paraissent surpris, scandalisés même, d'apprendre que tel commissaire n'est pas actionnaire de la Société dans laquelle il exerce ses fonctions. C'est là, une erreur de droit et, suivant nous, une erreur de fait. La loi est formelle sur ce point : « associés ou non », dit-elle en parlant des Commissaires. En fait elle a raison, car l'étranger vaut souvent mieux que l'associé quand il s'agit d'avoir une vue claire et désintéressée des choses.

2° Assemblées générales.

a) En l'état de la législation actuelle, les actionnaires ne peuvent pas provoquer la convocation d'assemblées générales. Celles-ci ne sont réunies extraordinairement que par la volonté du gérant ou du Conseil de Surveillance dans les Sociétés en commandite par actions, et du Conseil d'Administration ou des Commissaires des Comptes dans les Sociétés anonymes. Cette situation a paru anormale aux auteurs du Projet de loi, mais seulement pour les Sociétés anonymes. — Qu'il soit bon que des actionnaires, représentant une portion intéressante du capital social, aient le droit, sans attendre le bon plaisir d'Administrateurs ou de Commissaires, de provoquer, d'exiger même la réunion d'une assemblée générale, lorsque les circonstance leur semblent l'imposer, cela est naturel, — sous certaines réserves cependant destinées à calmer des zèles intempestifs ou mal intentionnés. — Mais que ce qui paraît désirable pour les actionnaires d'une Société anonyme ne le soit plus pour les actionnaires d'une Société en commandite, voilà qui est contestable. C'est pourtant ce qu'ont admis et la Commission extra-parlementaire et M. le Garde des sceaux.

Celui-ci, dans son Exposé des motifs, en donne deux raisons. C'est d'abord la responsabilité illimitée du gérant, qui présente pour les associés une garantie que ceux-ci ne trouvent pas chez les administrateurs d'une Société anonyme. C'est ensuite que « les règles de révocation de l'associé qui administre ne sont pas « les mêmes dans les deux Sociétés ».

Le premier argument est fort discutable. Assurément la responsabilité est, en théorie, indéfinie pour les gérants et limitée au contraire pour les administrateurs. Mais cette responsabilité indéfinie n'est une garantie effective que si le gérant est solvable au point que sa fortune puisse couvrir toutes les pertes causées par sa gestion. Il suffit de l'énoncer pour saisir combien dès lors la différence est contingente entre un gérant et un administrateur.

Quant au second argument invoqué par l'Exposé des motifs, il nous paraît se retourner contre son auteur. Sans doute, dans la pratique, un gérant n'est pas révocable comme les membres d'un Conseil d'Administration. Mais quelle conclusion faut-il en tirer, sinon que, n'ayant pas contre le gérant l'arme de la révocation « ad nutum » qu'ils ont contre les administrateurs, les actionnaires ont, dans la Société en commandite, plus grand besoin encore du droit d'exiger la convocation d'une assemblée générale lorsque la gestion du gérant leur semble dangereuse ou inquiétante ?

Et d'ailleurs, admettons un instant que les deux motifs que nous venons d'examiner soient fondés, quel inconvénient y aurait-il, malgré ce, à appliquer à la Société en commandite ce que le Projet de loi adopte pour la Société anonyme ? C'est la seule chose que l'on ne nous dit pas, la seule cependant qu'il eût été intéressant de dire. Aussi, nous demandons que la loi unifie les deux genres de Sociétés en autorisant, dans l'une et dans l'autre, les actionnaires, représentant le quart du capital social, à exiger la convocation de l'Assemblée générale.

Mais, comme cette autorisation peut être dangereuse et que

l'arme qu'elle met aux mains des actionnaires peut être maniée à tort et à travers, il importe que, à l'exemple de l'Allemagne (article 269 du code de commerce allemand), les actionnaires qui ont agi dans une intention malveillante, en imposant à tort la convocation d'une assemblée, soient passibles de dommages-intérêts.

b) Le Projet de loi est parfaitement inspiré sur un autre point, celui du groupement des actionnaires ne possédant pas individuellement le nombre d'actions requis par les statuts pour avoir le droit d'assister aux assemblées. On sait que la loi du 1ᵉʳ août 1893 permet à ces actionnaires, — *mais seulement dans les Sociétés anonymes* —, de se réunir pour arriver au nombre d'actions exigé par les Statuts et de se faire représenter *par l'un d'eux*. Très judicieusement, le Projet intervient, d'une part pour dire que ces actionnaires pourront se faire représenter *soit par l'un d'eux, soit par un autre actionnaire ayant le droit d'assister à l'assemblée*, d'autre part pour étendre cette faculté à la Société en commandite. Il n'y a qu'à louer le législateur de proposer ces deux règles de simple bon sens.

c) Toujours au sujet des assemblées générales, nous relevons pour la bonne règle une anomalie qui est sans doute restée inaperçue pour l'auteur du Projet. Dans son article 12, modifiant l'article 27 de la loi de 1867, et dès lors uniquement relatif aux Sociétés anonymes, le Projet dit que « sauf dispositions contrai-« res des Statuts, toutes les actions ont, dans les assemblées générales, un droit de vote égal ». Aucun motif ne s'oppose à ce que cela soit prescrit également pour les Sociétés en commandite par actions.

3° *Communications aux Actionnaires.*

Pour des raisons qu'il est difficile de saisir, le législateur de 1867 a établi entre les deux genres de Sociétés, en ce qui concerne les communications à faire aux actionnaires, des différences singulières. Les actionnaires de la Commandite peuvent obtenir ces communications par eux-mêmes ou par fondés de pouvoir ; les actionnaires de la Société anonyme ne peuvent pas procéder par mandataires. Par contre, dans les Sociétés anonymes, on peut se faire communiquer l'inventaire et la liste des actionnaires, se faire également délivrer copie du Bilan et du Rapport des Commissaires, tandis que, dans les Sociétés en commandite, on doit se contenter de prendre ou faire prendre communication du bilan, des inventaires et du Rapport du Con seil de Surveillance. Le Projet de loi unifie ces diverses dispo sitions en disant de la Société anonyme comme de la Société en commandite par actions : « Quinze jours *au plus* avant la réu- « nion de l'Assemblée générale et jusqu'à la veille de cette « assemblée, tout actionnaire peut prendre, par lui ou par fondé « de pouvoirs actionnaire lui-même, au siège social, *communica-* *« tion de l'inventaire et de la liste des actionnaires ayant le droit* *« d'assister aux assemblées générales ; il ne peut se faire déli-* *« vrer copie que du bilan résumant l'inventaire et du Rapport* *« du Conseil de Surveillance (ou des Commissaires)* ».

Reprenons les divers termes de ces dispositions nouvelles.

a) « Quinze jours *au plus* avant la réunion » dit le Projet, au lieu de « Quinze jours *au moins* » comme cela existe actuelle ment par une sorte de non-sens.

b) « Communication *de l'inventaire* », — et non pas *des inven-* *taires* » — et de la liste des actionnaires *ayant le droit d'assister* *aux assemblées générales* ». On agit sagement en précisant enfin de quelle liste d'actionnaires communication doit être donnée. Mais est-il bien exact de dire que c'est seulement de la liste des actionnaires ayant le droit d'assister aux assemblées ? Nous ne le pensons pas. Assurément, une Société ne peut pas avoir à indi quer les noms des possesseurs d'actions au porteur, car elle ne les connaît pas ou n'a pas à les connaître normalement. Elle n'en fournira donc la liste que lorsqu'ils lui seront dévoilés à elle- même par le dépôt qui lui sera fait d'actions au porteur en vue de l'Assemblée générale. Sur ce point, nous sommes d'accord avec l'Exposé des motifs. Mais, à côté des titres au porteur, il y a les nominatifs, et ceux-ci la Société les connaît en tous temps puisqu'ils sont inscrits nominalement sur ses registres. Elle doit donc en communiquer la liste, et cela sans distinguer entre les associés qui possèdent le nombre d'actions nécessaires pour assister aux assemblées et les autres. Cette dernière solution est d'autant plus exacte que la faculté de groupement autorisée par la loi de 1893, et dont nous avons parlé tout à l'heure, ne permet plus d'affirmer que tel ou tel actionnaire n'est pas de ceux qui ont le droit d'assister ou de se faire représenter aux assemblées. Aussi, nous proposons la rédaction suivante : « Communication « de la liste des actionnaires nominatifs et des possesseurs d'ac- « tions au porteur qui se sont fait connaître par le dépôt de leurs « titres en vue de l'Assemblée générale. »

Au nom de la Société Industrielle de l'Est, M. Bourcart vou drait donner aux actionnaires le droit d'obtenir, non seulement communication, mais copie de l'inventaire et de la liste des actionnaires. Ce désir semble légitime en ce qui concerne la liste des actionnaires. Nous remarquons, en effet, que l'article 63 du Projet autorise *toute personne* à se faire délivrer, à ses frais, par le greffe du tribunal de commerce, expédition ou extrait des pièces y déposées, parmi lesquelles figure la liste des souscripteurs de la Société. Pourquoi ce qui est permis à toute personne, désireuse, même par curiosité pure, de connaître les noms des souscripteurs d'une Société, serait-il refusé à un actionnaire qui recherche légitimement les noms d'associés avec lesquels il peut avoir intérêt à s'entendre en vue d'une Assemblée ? Nous observons toutefois que l'autorisation serait de prendre copie et non de se faire délivrer copie. Quant à l'inventaire, la question est plus délicate. C'est un document souvent volumineux et dont la copie n'est pas aisée. D'autre part, il n'est pas bon qu'une pièce d'un tel caractère puisse être colportée. Le Rapporteur de la So-Société Industrielle de l'Est le comprend, puisqu'il exige que le droit de copie appartienne aux seuls actionnaires, sous leur responsabilité, et que la divulgation au public soit formellement interdite. Mais quelle sera la sanction de cette défense ? A notre avis, la communication suffit pour l'inventaire, faite aux seuls actionnaires bien entendu, ou à leurs mandataires réguliers.

Le Projet contient sur ce point une dernière innovation, à laquelle nous applaudissons sans réserve : qu'il s'agisse du gérant ou du Conseil d'Administration, le Rapport destiné à être présenté à l'Assemblée générale doit être tenu, au siège social, trois jours avant cette Assemblée, à la disposition des actionnaires.

4° *Modifications aux Statuts.*

Voici la question, on pourrait dire la seule question véritablement délicate.

Sans doute, théoriquement, le pacte social devrait être immuable. Les conventions constituent la loi des parties ; le contrat devrait donc demeurer tel qu'il a été présenté aux actionnaires quand ceux-ci ont souscrit, à moins que l'unanimité des intéressés n'en décide autrement. Et encore, faut-il excepter les changements qui seraient de nature à porter atteinte aux tiers en diminuant les garanties sur lesquelles ils étaient en droit de compter lorsqu'ils ont contracté avec la Société.

En pratique, il importe cependant que le pacte social puisse être modifié. Tout en le reconnaissant, deux écoles existent qui partent de deux points de vue très différents. Pour l'une, aucune

5

modification n'est permise, si elle n'a pas été spécialement prévue par les Statuts. L'autre admet, au contraire, que, même
dans le silence des Statuts, tout changement est possible sauf
celui qui altérerait l'essence même de la Société. Mais en quoi
réside le caractère *essentiel* d'une Société ? C'est sur quoi l'accord n'est pas encore définitivement fait, bien que la Doctrine et
la Jurisprudence soient assez près de s'entendre.

La tendance du Projet de loi peut se résumer dans la formule
que tout ce qui n'est pas expressément défendu est permis. Donc,
à moins d'interdiction absolue dans les Statuts, les modifications
seraient autorisées en principe. Exception est cependant faite
pour le changement de nationalité et pour toute clause qui
aggraverait les engagements pris par les actionnaires ; tous deux
seraient radicalement prohibés. Qu'il en soit ainsi quand il s'agit
d'aggraver les engagements acceptés par les actionnaires lors de
la création de la Société, rien de plus juste. Mais pourquoi interdire le changement de nationalité ? Avec la Société Industrielle
de l'Est, nous estimons que la nationalité d'une Société n'est pas
plus essentielle que son objet, — moins peut-être disait le Sénat
en 1884, — et nous n'admettons pas qu'elle soit intangible.

En second lieu, l'*objet* et la *forme* d'une Société ne pourraient
être modifiés que par une assemblée comprenant les trois quarts
au moins du capital social et par une majorité réunissant les
deux tiers au moins des actionnaires présents ou représentés à
cette Assemblée. Ici encore, nous appuyons la motion de la
Société Industrielle de l'Est et nous demandons qu'une différence
soit faite entre l'objet et la forme d'une Société. Sans doute,
nous ne méconnaissons pas l'intérêt qui existe à ce qu'une entreprise soit en commandite par actions plutôt qu'en Société anonyme, et inversement. Mais sous l'une et l'autre forme, il s'agit
de Société par actions et les deux genres d'associations tendent
vers l'assimilation autant qu'il est possible. Il semble donc que
la forme n'est pas à ce point essentielle qu'elle ne puisse être
modifiée que moyennant la condition très rigoureuse de la réunion des trois quarts du capital social. La loi actuelle se contente de la moitié et même du cinquième du capital. Le législateur nouveau pourrait sans inconvénient classer le changement
de forme parmi les modifications plus facilement réalisables que
le changement d'objet.

Quant à celui-ci, on en cherche vainement dans l'Exposé
des motifs la définition ou tout au moins la détermination précise. Le Sénat, en 1884, spécifiait « objet *essentiel* » et, si cette
épithète ne suffit pas à établir une norme absolue, elle contient

une indication intéressante pour le juge appelé à trancher quel que difficulté d'interprétation. En l'état des textes légaux, les tribunaux ne peuvent que suivre leur inspiration personnelle. Aussi les voyons-nous tantôt décider qu'en l'absence d'une interdiction statutaire tout changement dans l'objet social est licite, tantôt annuler, au contraire, comme illégale toute modification de cette nature, tantôt enfin apprécier de façons très différentes en quoi réside l'objet même d'une entreprise et dans quelles conditions il peut être logiquement modifié. De telle sorte que la véritable loi est ici celle que crée le juge. Le système a du bon ; mais il comporte trop de diversité et il serait préférable d'atténuer un « flottement », très apprécié dans les discussions d'Écoles, mais un peu déconcertant pour le simple public. Avec le Comité des Houillères de France (1), nous voudrions donc qu'il n'y ait véritable changement d'objet, soumis aux restrictions rigoureuses de la loi, que s'il y a *création* d'une entreprise nouvelle sans rapport avec l'industrie en vue de laquelle la Société avait été créée, et nous demanderions qu'on rangeât parmi les autres modifications plus facilement réalisables les *extensions* dans l'objet et même les mutations en entreprises présentant une connexité avec l'industrie principale de la Société.

Enfin, une troisième classe comprend ces autres modifications de moindre importance, pour lesquelles le Projet prévoit que, si une première assemblée ne remplit pas les conditions fixées, une deuxième assemblée peut être convoquée et délibérer valablement, si elle réunit la moitié du capital social, et même une troisième assemblée, pourvu qu'elle représente le tiers de ce capital.

Quelle que soit, d'ailleurs, la nature de la modification proposée, et nonobstant toute clause contraire des Statuts, tous les actionnaires, même propriétaires d'une seule action, ont le droit de prendre part aux votes avec un nombre de voix égal à celui des actions qu'ils possèdent, sans limitation.

Pour terminer, le Projet de loi introduit deux réserves qui ne peuvent qu'être approuvées. La décision d'une assemblée générale comportant modification dans les droits respectifs des différentes catégories d'actions n'est valable que si elle est approuvée par les actionnaires dont les droits sont modifiés, en assemblée générale spéciale, composée et fonctionnant comme nous venons

(1) Avis cité par M. Bourcart.

de l'exposer suivant le cas (1). Il en est de même s'il s'agit de modifier les droits conférés aux porteurs de parts de fondateurs ou bénéficiaires. Nous aurons à revenir sur ce dernier point lorsque nous étudierons le Projet relatif aux Obligations et Parts de fondateur.

5° Enonciation du Capital.

Cette disposition est insérée au Chapitre de la Publicité. Elle nous paraît ressortir tout aussi logiquement de la période de Fonctionnement. Le Projet n'oblige plus à énoncer le capital social dans les imprimés émanant de la Société. Mais il exige que si le capital est indiqué, on mentionne la portion de capital restant à verser. Rien n'est plus juste.

6° Questions diverses.

On est un peu surpris du silence gardé par le Projet sur d'autres points étudiés par le Sénat en 1884 ou agités déjà depuis longtemps par la Doctrine et la Jurisprudence. Sans avoir la prétention de les énumérer tous, nous signalons ici les principaux.

a) Est-il opportun d'interdire à une Société de racheter ses propres actions et, s'il convient de le lui permettre, dans quelles conditions le faut-il faire ?

Le Sénat, en 1884, avait adopté une formule qui se peut résumer ainsi : pour qu'une Société ait le droit de racheter ses propres actions, il faut que cette faculté ait été prévue par les Statuts et que les titres ainsi rachetés soient annulés, ce qui équivaut à une réduction jusqu'à due concurrence du capital social.

(1) Une observation doit être signalée. La loi votée le 16 novembre 1903, sur les actions de priorité dit également que toute décision de l'Assemblée générale comportant une modification dans les droits attachés à une catégorie d'actions ne sera définitive qu'après avoir été ratifiée par une Assemblée spéciale de la catégorie visée. Mais elle ajoute que « cette Assemblée spéciale, pour délibérer valablement, doit réunir au moins *la moitié* du capital représenté par les actions dont il s'agit, à moins que les Statuts ne prévoient un minimum plus élevé. La loi de 1903 ne prévoit pas que cette assemblée générale puisse délibérer valablement avec un quorum inférieur à la moitié du capital. Or, le Projet actuel, élaboré avant la promulgation de la loi du 16 novembre 1903, autorise la réunion d'une assemblée qui pourrait ne représenter que le tiers du capital. Il est absolument nécessaire que cet antagonisme entre la loi de 1903 et le Projet actuel soit relevé devant le Parlement et que celui-ci mette les deux textes en harmonie l'un avec l'autre.

Nous verrions volontiers le législateur reprendre cette étude et intervenir dans le même sens que le Sénat.

b) Doit-on prohiber ou autoriser les intérêts intercalaires, c'est-à-dire ceux qui sont distribués aux actionnaires en l'absence de bénéfices ?

On a fait valoir que certaines entreprises, exigeant des travaux préparatoires de très longue haleine, ne sont possibles que si les souscripteurs ont l'assurance de toucher, pendant cette période indéterminée d'attente, l'intérêt normal de leur argent. Il est certain que cette formule d'intérêts intercalaires, qui avait été employée aussi, croyons-nous, par la Compagnie du Canal de Suez, a facilité singulièrement l'émission des actions du Canal de Panama ; mais ce qui a réussi pour la première entreprise n'a pas eu le même succès pour la seconde. Quoi qu'il en soit, le législateur de 1884 autorisait ces intérêts, mais à la double condition que cette faculté fût inscrite dans les Statuts et que le taux de cet intérêt ne dépassât pas 5 %. Il y aurait avantage à trancher la question.

c) Le Sénat avait cru devoir interdire formellement aux administrateurs de prendre part aux votes qui les concernent ou les intéressent, notamment à la nomination des Commissaires des Comptes. Les Administrateurs se l'interdisent volontairement dans la plupart des Sociétés ; il n'y aurait donc aucun inconvénient à faire une prescription légale de ce qui n'est actuellement qu'une question d'élémentaire convenance.

d) Nous appelons plus sérieusement l'attention sur ce qui est relatif à la réserve légale. La loi ordonne aux Sociétés anonymes de prélever, chaque année, sur leurs bénéfices et de mettre à la réserve une somme qui ne peut être inférieure à 5 % de ces bénéfices. *Elle n'impose pas la même obligation aux Sociétés en commandite par actions.* Pourquoi ? Nous l'avons vainement cherché. Aucun motif juridique ne nous apparaît et nous estimons qu'il y a lieu de combler cette lacune en rendant la sage prescription de la réserve légale commune à toutes les Sociétés par actions.

e) Pour mémoire seulement, nous notons ici la question de la réglementation des Bilans et Inventaires, un Projet de loi spécial étant annoncé sur cette matière.

CHAPITRE III

Publicité

Ici, plus encore peut-être que pour les autres chapitres, le législateur français a dû s'inspirer de ce qui, depuis un certain temps déjà, est de pratique courante à l'étranger. Par ce qu'on nomme le juste retour des choses, si le Code Napoléon a inspiré à peu près tous les codes étrangers, ce sont maintenant les législations étrangères qui nous servent de modèles.

1° *Formalités de dépôt et de publication.*

Nous laissons de côté ce qui, — malgré le titre du Projet de loi —, n'est pas relatif aux Sociétés par actions (1). Nous nous efforcerons aussi de limiter nos observations aux réglementations nouvelles.

a) Dans le mois de la constitution définitive de la Société, un double de l'acte constitutif doit être déposé, mais uniquement au greffe du tribunal de commerce du lieu où la Société est établie, — ce qui supprime le dépôt au greffe de la Justice de paix. Cette suppression ne semble présenter aucun inconvénient. En outre, dès l'instant qu'un acte notarié ne serait plus nécessaire pour constater la souscription intégrale du capital et le versement du quart, il ne serait plus question de ce document comme annexe à l'acte constitutif de la Société (2), et il serait remplacé par les bulletins de souscription. Pourquoi ordonner le dépôt de ces bulletins au greffe du tribunal de commerce, au lieu de les laisser au siège de la Société, où leur place est tout indiquée puisqu'ils constituent la seule preuve des engagements réciproques pris par les fondateurs et les souscripteurs ? Sans doute pour éviter les fraudes et permettre un contrôle plus rigoureux du sérieux des souscriptions. Le motif paraît suffisant pour que nous n'insistions pas en faveur du dépôt au siège social.

b) La publication d'un extrait de l'acte constitutif et des pièces annexes dans les journaux d'annonces légales est maintenue

---

(1) L'article 55 du Projet traite des Sociétés en nom collectif et en commandite simple.

(2) Bien entendu, nous nous bornons à analyser ici le Projet de loi, ce qui laisse absolument entière notre opinion sur le danger de la suppression de l'acte notarié.

ainsi que celle de certaines délibérations. Quelques additions sont apportées par le Projet de loi, auxquelles nous applaudissons volontiers, telles que l'indication de l'objet de la Société, celle du montant du capital en distinguant le capital-apport du capital-numéraire, et en spécifiant les conditions de libération de ce dernier (tandis que la loi de 1867 parle sans précision du montant du capital en numéraire et en autres objets), — les noms des membres du Conseil de Surveillance ou des Commissaires des Comptes, — enfin la référence au Bulletin annexe du *Journal Officiel* institué par le Projet de loi et dont nous parlerons plus loin.

c) Une publication nouvelle est encore prévue : celle, dans le délai de quinzaine, de toute nomination, révocation ou démission des gérants ou des membres du Conseil de Surveillance des Sociétés en commandite ou des Commissaires aux Comptes des Sociétés anonymes. Le Projet fixe le point de départ de ce délai de quinzaine et il indique que la publication doit avoir lieu à la diligence des représentants de la Société. Il stipule enfin que toute démission doit être donnée par lettre recommandée.

Nous n'avons pas, croyons-nous, à nous étendre sur ces innovations qui se justifient d'elles-mêmes et peuvent être approuvées sans réserves autres que la crainte d'un formalisme excessif. Ce formalisme est la note dominante du Projet. L'observation n'est pas neuve ; toutes les lois, tous les projets de lois sur les Sociétés sont essentiellement méticuleux. C'est sans doute la raison pour laquelle ils manquent trop souvent de clarté.

2° *Recueil Officiel.*

Voici un organe nouveau, créé de toutes pièces, ou plutôt emprunté, avec de légères variantes, soit aux législations étrangères, soit à la loi votée par le Sénat en 1884. Pour ne parler que de celle-ci, elle prévoyait un Recueil officiel et spécial pour les Sociétés, mais elle n'en faisait point, comme le Projet actuel, un Bulletin annexe du *Journal Officiel*, et elle laissait à un règlement d'administration publique le soin de déterminer, non seulement les conditions, mais aussi les formes de cette publicité.

Avant d'examiner si l'idée d'un Bulletin annexe du *Journal Officiel* est heureuse, énumérons les documents qui devraient figurer *in-extenso* dans ce Recueil.

a) C'est d'abord, dans la huitaine du dépôt au greffe du Tribunal de Commerce, et à la diligence du greffier de ce tribunal, la publication intégrale de l'acte de société et de la liste des souscripteurs. Rien de plus juste en ce qui concerne l'acte de société. Mais quel intérêt voit-on à publier *urbi et orbi* les noms, prénoms, professions et domiciles de tous les souscripteurs ? Ne suffit-il pas que la liste en soit déposée au greffe du Tribunal de Commerce, où d'ailleurs tout le monde peut la consulter et même en obtenir copie ? Nous le pensons, et nous demandons la suppression d'une publicité inutile, coûteuse et désagréable.

b) Quand une Société se constitue par souscription publique, le projet d'acte de Société doit être publié *in-extenso* dans le Recueil Officiel, dix jours au moins avant l'ouverture de la souscription. La Société Industrielle de l'Est observe ici qu'il n'est pas toujours aisé de distinguer entre une émission publique et une émission privée, et qu'il serait préférable d'ordonner la publication dix jours avant toute souscription. On peut répondre que le Projet prévoit des formalités, — et non des moindres —, pour le cas où les actions d'une Société qui n'a pas été constituée par émission publique seraient offertes au public et que ces formalités sont très suffisantes à éclairer ceux qui sont sollicités d'acheter les titres ainsi offerts. De quel droit, d'ailleurs, obligerait-on à subir les frais et les ennuis de cette impitoyable publicité les personnes qui, tenant à faire ce qu'on appelle vulgairement une affaire de famille, se groupent pour fournir les fonds nécessaires et ne demandent rien au public ? N'est-il pas déjà suffisant de leur imposer le dépôt au greffe et les publications légales ?

c) Dans le même ordre d'idées, dix jours avant l'ouverture de toute souscription publique à des *obligations*, les représentants légaux de la Société devront publier dans le Recueil Officiel un avis énonçant : 1° l'objet de la Société ; 2° sa durée ; 3° la date de l'acte de Société et celle de la publication de cet acte et de toute modification apportée aux Statuts ; 4° l'indication du capital non libéré ; 5° le montant des obligations déjà émises par la Société, avec énumération des garanties attachées à ces obligations ; 6° le nombre et la valeur nominale des obligations à émettre, l'intérêt à payer pour chacune d'elles, l'époque et les conditions de remboursement ; 7° le dernier bilan ou la mention qu'il n'en a pas été dressé encore.

Comme lorsqu'il s'agit des actions, la Société Industrielle de l'Est voudrait que la publicité fût imposée à tout placement d'obligations, que la souscription soit publique ou non. Nos motifs sont plus décisifs encore ici pour ne point partager cette manière de voir. Presque toujours, les obligations émises par une Société sont réservées aux actionnaires, et il arrive souvent qu'elles ne sont pas souscrites publiquement. Il n'existe donc aucune raison pour imposer des frais de publicité qui ne se légitiment que s'il importe d'éclairer les souscripteurs éventuels.

Par contre, nous approuvons la Société Industrielle de l'Est de demander que le 6° indiqué ci-dessus soit remplacé par cette formule plus complète : « 6° les conditions d'émission des obliga-« tions à émettre, l'époque et conditions de remboursement ».

d) Enfin, un mois après l'assemblée générale qui l'a approuvé, le Bilan annuel doit être publié dans le Recueil, ainsi que les noms des gérants ou administrateurs en fonctions. Cette prescription est, en ce qui concerne la publication du Bilan, très énergiquement combattue par M. Lemarchand dans son Rapport à la Chambre de Commerce de Rouen. Les arguments qu'il développe peuvent être résumés en cette phrase : que ce serait commettre à l'égard de bien des Sociétés « un véritable abus de pou-« voir que de les contraindre à une publication qui pourrait « soit nuire à leur crédit, soit, en cas de prospérité, leur susciter « des concurrents ».

La question est discutable et, comme il arrive bien souvent, il y a le pour et le contre. Nous verrions cependant sans regret le législateur renoncer à cette formalité nouvelle.

Nous approuvons, au contraire, le Projet de loi, d'exiger la publication annuelle des noms des gérants ou administrateurs en fonctions ; nous y ajoutons même celle des membres du Conseil de Surveillance ou Commissaires des Comptes.

Toutes les énonciations à publier étant ainsi énumérées, que dire de l'idée elle-même de les concentrer dans un Bulletin annexe du *Journal Officiel* ? Quel volume effrayant devra avoir un Recueil qui, chaque jour, — et sans renvoyer au lendemain puisque la sanction pourrait être la nullité, sans préjudice de tous dommages-intérêts et autres pénalités —, devra publier des projets d'actes de sociétés, des statuts *in-extenso*, des listes de souscriptions, etc., etc., bref tout ce qui concerne, sans en rien omettre, le nombre considérable de Sociétés qui se constituent chaque année en France. A quoi il faut ajouter la publicité relative aux Sociétés étrangères qui viendront opérer chez nous ! On conçoit que d'excellents esprits considèrent la réalisation comme peu pratique et préconisent des Bulletins régionaux (1). Mais là aussi, des difficultés se rencontreraient. La question serait fort

(1) Chambre des Notaires de Marseille (Rapport de M. Bard) ; Société Industrielle de l'Est (Rapport de M. Bourcart) ; Chambre de Commerce de Rouen (Rapport de M. Lemarchand), etc., etc.

simple s'il ne s'agissait jamais que de Sociétés se constituant au moyen de souscriptions régionales. Mais souvent, — et ce sont précisément ces entreprises-là pour lesquelles une large publicité antérieure est le plus utile —, les souscriptions sont sollicitées à la fois dans tout le pays pour une affaire à monter sur un point déterminé du territoire qui fournira peut-être bien peu de souscripteurs. Quel sera le Bulletin régional qui recevra la publicité ? celui du siège social ? ceux de tous les départements où la souscription sera ouverte ? Comment procèderait-on en matière d'émissions reçues aux guichets d'un Etablissement de crédit possédant des succursales dans presque toutes les localités de France ?

Nous hésitons à nous prononcer. Si cependant nous penchions vers le Bulletin régional (qui serait celui du lieu où est le siège social), c'est que le Bulletin unique coûterait fort cher, ce serait une nouvelle manifestation du monopole de l'Etat. Au demeurant, la discussion nous intéresse médiocrement, car, à notre avis, le Bulletin unique ou régional ne sera jamais consulté par cette classe que le Projet de loi désigne sous le nom d'épargne populaire et ne sera lu que par les rentiers désœuvrés (1).

3° *Notices et Divers.*

Si nous formulons des réserves sur l'utilité du Bulletin annexe du *Journal Officiel*, nous approuvons par contre pleinement la disposition du Projet qui, dans le cas où existent des apports ne consistant pas en numéraire ou des avantages particuliers réclamés par un associé, oblige les fondateurs de la Société à rédiger et à annexer au Projet de statuts une Notice détaillée sur la nature et la valeur de ces apports ou sur la cause de ces avantages particuliers. Cette prescription est d'autant plus précieuse qu'elle engage directement la responsabilité pénale des rédacteurs de la Notice : rien ne protègera mieux le public contre une tromperie que la menace d'un emprisonnement.

Nous n'avons non plus aucune critique à présenter relativement à la nécessité de se conformer, pour la mise en vente ultérieure (non ordonnée par justice) d'actions d'une Société qui a été constituée sans appel au public, aux mêmes insertions dans les prospectus, bulletins de souscription, etc., etc., que le Projet

(1) Nous renouvelons ici une question déjà posée au sujet du bulletin de souscription : qu'arrivera-t-il si, après l'insertion dans le *Bulletin Officiel*, on veut apporter quelque changement utile au pacte social ? Une assemblée d'actionnaires pourra-t-elle modifier des dispositions déjà connues du public ?

ordonne pour les émissions publiques. La formule est semblable s'il s'agit d'obligations se trouvant dans le même cas. Il est évident, en effet, que, si la loi ne prévoyait pas ces hypothèses, il serait extrêmement simple d'échapper à ses prescriptions en constituant la Société ou en émettant des obligations sous le manteau de la cheminée et en se partageant des titres que l'on placerait ensuite librement dans le public.

Notre législation aurait pu, — pourrait encore, — s'inspirer, dans cet ordre d'idées, de ce qui existe en Allemagne. L'article 38 de la loi allemande du 22 juin 1896 sur les Bourses oblige à publier, avant l'admission à la cote, un prospectus qui doit contenir toutes indications permettant d'apprécier la valeur des titres pour lesquels l'admission est demandée. Ce document est examiné par le Comité de la Bourse. Cet examen nous semble préférable à notre système de publicité, car la cote n'est accordée que s'il s'est écoulé un an depuis l'inscription de la Société sur les registres du Commerce et si la Société a publié au moins un bilan annuel accompagné du compte de Profits et Pertes.

4° *Communications aux tiers.*

Les innovations sur ce point sont peu notables. Le Projet applique à toute Société commerciale — et non plus seulement aux Sociétés par actions — le droit pour toute personne de prendre communication et même de se faire délivrer à ses frais expédition ou extrait des pièces déposées au greffe du Tribunal de Commerce.

Par contre il supprime l'obligation d'afficher les pièces d'une manière apparente dans les bureaux de la Société.

5° *Indications à inscrire dans les documents.*

Ici encore, le Projet ne distingue pas entre les diverses Sociétés commerciales ; pour toutes, il exige que dans tous actes, factures, annonces, publications et autres documents imprimés ou autographiés, la dénomination sociale soit précédée ou suivie immédiatement de l'indication exacte de la nature de la Société.

6° *Pénalités.*

Les sanctions sont de deux ordres. C'est, d'une part, la nullité de la Société en cas d'inobservation des formalités de dépôt et de publicité. Ce sont, d'autre part, les pénalités contre les délinquants.

La nullité de la Société ne constitue pas une innovation du

Projet. Celui-ci la maintient telle qu'elle a été édictée par la loi de 1867, amendée par la loi du 1er août 1893. Cette nullité, on le sait, est de droit ; les tribunaux *doivent* la prononcer, même lorsqu'il y a eu simplement oubli ou erreur dans l'accomplissement des formalités légales, si la cause de la nullité existe encore au moment où la demande en justice est introduite. Pourquoi cette rigueur ? Déjà, en 1884, M. Bozérian, rapporteur de la Commission sénatoriale, disait : « S'ensuit-il qu'en aucun « cas les tribunaux ne pourront échapper à l'obligation de pro- « noncer la nullité sollicitée ? En aucune façon. » Ni la Commission extraparlementaire, ni l'Exposé des motifs du Projet de loi ne reproduisent ce palliatif à l'aveugle sévérité de la loi. Une atténuation et le plus large pouvoir d'appréciation seraient cependant nécessaires.

Avec M. E. Thaller, nous estimons que ces sortes de nullités ne sont plus de notre temps. Il est inadmissible que les tribunaux puissent être amenés, contraints même parfois, pour un retard ou un oubli, à déclarer nulles des Sociétés parfaitement correctes et viables, et cela au préjudice de grands et légitimes intérêts. Considérons, d'ailleurs, quelle arme la loi met ainsi entre les mains des maîtres chanteurs, car — (la remarque est de M. Thaller) — elles sont assez nombreuses les Sociétés dans la constitution desquelles on trouverait matière à discussion légale... « Le système » lisons-nous dans l'Exposé des motifs du Projet de loi sur les Sociétés par actions allemandes, « le système « de la déclaration de nullité prononcé après coup pour des « vices de constitution, qui auraient dû être vérifiés et effacés « avant la constitution, ne paraît pas digne d'imitation. » A notre tour, nous disons que ce système archaïque ne paraît pas digne d'être maintenu dans une législation moderne.

A côté de la nullité viennent les pénalités. Bornons-nous à signaler celles qui sont nouvelles.

Toutes déclarations ou dissimulations frauduleuses dans la rédaction de la Notice, prescrite en cas d'apports en nature ou d'avantages particuliers, seraient punissables de deux mois à deux ans de prison. Nous applaudissons à cette sévérité nécessaire.

Le greffier du tribunal de commerce, qui ne ferait pas dans le Bulletin du *Journal Officiel* les publications qui lui incombent, serait passible d'une amende de 16 à 100 francs, sans préjudice de tous dommages-intérêts envers les parties lésées.

La loi existante frappe d'une amende de 50 à 1.000 francs les contraventions aux formalités de dépôt et de publicité exigées lors de la constitution d'une Société. Le Projet englobe dans les mêmes dispositions les formalités relatives à la Notice dont nous venons de parler, ainsi qu'à la mise en valeur de titres souscrits sans appel au public. Et il applique à toutes ces contraventions non plus une amende de 50 à 1.000 francs, mais une amende de 500 à 10.000 francs et même un emprisonnement de quinze jours à six mois de prison.

Cet arsenal de pénalités rigoureuses sera livré à la discrétion des tribunaux qui en feront certainement un usage judicieux, réservant leur sévérité pour la seule mauvaise foi.

CHAPITRE IV

Actes notariés

Le projet entend à juste titre préciser *ne varietur* l'intention qu'a certainement eue le législateur de 1893, mais que n'ont voulu comprendre, dit l'Exposé des motifs, ni la doctrine, ni la pratique. Dorénavant, il doit être bien établi que tous actes notariés (emprunts hypothécaires, etc., etc.) peuvent être passés, au nom de toute Société Commerciale, par le mandataire de cette Société même en vertu d'un mandat résultant d'un acte ou d'une délibération sous-seings privés.

CHAPITRE V

Dispositions fiscales

Dans la louable intention de compenser quelque peu les dépenses supplémentaires assez élevées que va occasionner le luxe de publicité introduit par la loi, le Projet propose d'exempter de tous droits de timbre et d'enregistrement :

1) Les bulletins de souscription,

2) Les reçus de fonds provenant des souscriptions,

3) Les retraits de ces mêmes fonds,

4) Les copies ou extraits de tous procès-verbaux d'assemblées générales et de réunions de Conseils d'Administration.

Nous ne pouvons qu'approuver. Et nous le faisons d'autant plus volontiers que le Fisc est actuellement impitoyable à exiger que tout bulletin de souscription (car il en existe, bien que l'Exposé des motifs et le Rapport de la Commission parlementaire s'obstinent à traiter cette pièce de document nouveau) soit timbré à 0 fr. 60, et à frapper d'amende les Sociétés qui omettent cette formalité fiscale.

Cette exemption fiscale permettra dorénavant de relater, sans frais et sans amende dans des actes et documents soumis au Fisc, les récépissés de versements des fonds provenant des souscriptions. Le fait est trop notable pour ne pas être loué.

CHAPITRE VI

Dispositions transitoires

Par exception à un principe fondamental de droit, le Projet demande que les Sociétés actuellement existantes soient, par rétroactivité, soumises aux prescriptions nouvelles sur les points suivants :

1° Communications à faire aux actionnaires ;

2° Droit de groupement et de représentation aux assemblées ;

3° Droit pour des actionnaires possédant le quart du capital social d'exiger la convocation d'une assemblée ;

4° Modifications statutaires susceptibles de blesser les droits d'actionnaires ou de porteurs de parts de fondateur ;

5° Tout ce qui concerne les formalités de dépôt et de publicité. Nous n'imaginons cependant pas que les Sociétés existantes puissent être tenues de la publicité relative à leur constitution. Le texte le laisserait croire. Afin d'éviter toute équivoque, il serait bon que, au lieu d'appliquer la rétroactivité *in globo* aux prescriptions des articles 55 à 64 qui concernent la constitution comme le fonctionnement des Sociétés, le Projet limitât son effet aux actes sociaux *postérieurs à la promulgation de la loi*.

D'une manière générale, nous n'apprécions pas la rétroactivité, même limitée à certains points, et nous préférerions que les Sociétés existantes fussent libres, et non contraintes, de profiter des dispositions nouvelles.

DEUXIEME PARTIE

LES OBLIGATIONS ET LES PARTS DE FONDATEURS

En abordant ce second projet de loi, nous renouvelons notre critique du système qui consiste à tantôt séparer ce qui devrait être unifié et tantôt réunir ce qui pourrait être divisé. Nous voudrions une loi unique sur les Sociétés par actions, refondue (1), comprenant tout ce qui est relatif à ces associations (actions, parts de fondateur, obligations), et comportant un chapitre spécial aux Sociétés étrangères. Puisque tel n'a pas été l'avis de la Commission extra-parlementaire et du Garde des sceaux, puisque l'idée de la division a prévalu auprès d'eux, encore faudrait-il être logique et ne pas souder, dans un unique Projet, les Obligations et les Parts de Fondateur qui sont de natures très différentes.

Il ne nous appartient pas d'indiquer ici les caractères essentiels des Obligations et ceux des Parts, ni de rappeler les discussions doctrinales sur la diversité de ces caractères. Et, sans nous attarder davantage sur cette observation théorique, nous allons étudier successivement les deux Titres du second Projet soumis à notre examen.

(1) C'est-à-dire un monument construit à neuf avec les matériaux des lois de 1867, 1893, 1902 et 1903.

TITRE PREMIER

Des Obligations

Indiquons, pour n'y plus revenir, que le Projet n'est relatif ni aux Obligations à lots qui sont assujetties à des décisions législatives spéciales, ni aux Obligations émises par des Sociétés, telles que le Crédit Foncier de France, qui sont soumises à l'autorisation préalable du Gouvernement. Il s'agit uniquement ici des Obligations sans lots, émises par les Sociétés commerciales ordinaires.

On s'est demandé s'il convenait, d'une part, d'établir une proportionnalité légale entre le capital actions et le capital obligations, et, d'autre part, de prohiber toute émission d'Obligations tant que le capital actions ne serait pas entièrement versé. Comme en 1884, la Commission ne l'a pas jugé opportun. La garantie des prêteurs réside, non pas dans le Capital versé par les actionnaires mais dans la valeur intrinsèque de l'affaire pour l'exploitation de laquelle des emprunts sont réalisés. Et il ne semble pas que ces prêteurs éventuels, sous forme de souscription d'Obligations pas plus qu'autrement, aient à se déterminer d'après l'importance du capital actions et des versements effectués. Nous partageons cette opinion.

Taux du Remboursement.

1° Les Sociétés, dit l'article 1er du Projet, ne peuvent, à peine de nullité, émettre des obligations remboursables, par voie de tirage au sort, à un taux supérieur à celui d'émission, qu'à la condition que le taux du remboursement soit le même pour toutes les obligations.

Faute d'explications suffisantes dans l'Exposé des motifs, cette formule n'a pas été bien comprise par tout le monde. Elle est d'ailleurs critiquable. Elle a été si peu comprise que l'honorable rapporteur de la Chambre de Commerce de Marseille en a conclu : « les Obligations à prime, ou à lots, sont donc interdites. » Cette conclusion est, en ce qui concerne les Obligations à prime, exactement le contraire de ce que veut dire le Projet de loi. Pour le saisir, il est nécessaire de rappeler que les Obligations, rem-

boursables par voie de tirage au sort, et pour une somme supé
rieure au prix d'émission, ont été extrèmement discutées. On
s'est demandé si cette forme de remboursement ne les assimile
pas à des loteries. L'opinion la plus générale est que l'assimilation ne se justifie point, parce qu'ici, d'une part le tirage au sort
fixe uniquement la date d'un remboursement qui est identique
pour tous les titres, et d'autre part la prime n'est qu'un accessoire dans cette nature d'emprunt, tandis que le lot est le principal dans la loterie. Ce dernier argument perd toutefois beaucoup de valeur lorsque l'émission stipule un intérêt très faible,
et une prime très élevée, de telle sorte que, pour le souscripteur,
celle-ci, au lieu de demeurer l'accessoire, devient le principal de
son objectif. Quoi qu'il en soit, il importait de mettre fin à toute
controverse. Imitant en cela la loi Belge, le Projet voté par le
Sénat en 1884, sanctionnait positivement la légitimité des Obligations à prime, mais à la double condition que ces titres rap-
portassent un intérêt d'au moins 3 % l'an et fussent tous remboursables par la même somme. La loi de 1884 étant devenue
caduque, le Projet actuel reprend pour son compte cette disposition légale, sans plus parler du taux de l'intérêt. Ainsi, les Obligations à prime même remboursables par tirages au sort, sont,
non pas interdites, mais au contraire formellement légitimées.
pourvu cependant que le taux de remboursement soit le même
pour toutes.

Nous avons relevé plus haut que la formule du Projet est critiquable, et cela vient de sa généralité. Pour nous, il faut entendre que toutes les Obligations *d'une même émission* doivent à
peine de nullité de cette émission, être remboursables par la
même somme, mais qu'il n'est pas nécessaire que ce même taux
de remboursement soit adopté dans les diverses et successives
émissions auxquelles une Société peut procéder. Exemple : une
Société a émis à 450 francs une série d'Obligations 4 %, remboursables à 500 francs ; ne pourra-t-elle pas ultérieurement, si son
crédit s'est affirmé, si les conditions du marché financier sont
plus favorables, émettre de nouvelles Obligations avec une
prime de remboursement inférieure, l'intérêt demeurant le
même ou étant différent ? La réponse ne paraît pas douteuse
dans le sens de l'affirmative. Il ne saurait, d'ailleurs, en être
autrement, puisque l'article 3 du Projet prévoit qu'il peut exister
des Obligations conférant des droits inégaux, « par exemple, dit
« l'Exposé des motifs, au point de vue de l'intérêt, du montant
« du remboursement ou des garanties ». La rédaction de l'article

1ᵉʳ devra donc être modifiée par l'addition *in fine* des mots « de la même émission (1) ;

2° Plus loin, le Projet tranche définitivement, dans le sens de la jurisprudence de la Cour de Cassation, une question qui donne lieu à des difficultés et à de vives discussions. La Société qui a émis des Obligations tombe en faillite ou en liquidation judiciaire ; pour quelle somme les Obligations remboursables avec prime seront-elles admises au passif ? Sera-ce pour le taux d'émission ? pour le taux de remboursement ? ou pour une somme moyenne comprise entre ces deux limites extrêmes ?

La première solution a été vite abandonnée comme n'étant pas juridique. La seconde est, au contraire, fondée en droit, puisqu'elle repose sur ce principe légal que la faillite ou la liquidation judiciaire rend exigibles les dettes non échues. On lui a cependant préféré le troisième système, qui consiste à dire que, en sus du prix d'émission et, s'il y a lieu, des intérêts courus et non payés, l'Obligataire a droit à des dommages-intérêts en raison du tort que lui cause la Société en n'exécutant pas ses engagements relatifs aux tirages au sort des titres et à leur remboursement avec prime. Mais alors quelle sera la somme représentative de ces dommages-intérêts ? Il serait oiseux d'exposer ici les cinq théories principales qui ont été appliquées simultanément et contradictoirement par les Cours et Tribunaux. Une pareille dissertation serait trop purement doctrinale. Elle ne présenterait, d'ailleurs, qu'un intérêt rétrospectif, puisque la solution adoptée par le Projet actuel est celle qui avait été votée par le Sénat en 1884 et qui a été sanctionnée par notre Cour suprême Elle se présente ainsi dans l'article 14 du Projet : « En cas de « liquidation judiciaire ou de faillite, les Obligations seront « admises au passif pour une somme totale égale au capital qu'on « obtiendra en ramenant à leur valeur actuelle, au taux réel de « l'intérêt de l'emprunt, les annuités d'intérêt et d'amortisse- « ment qui restent à échoir ; chaque Obligation sera admise pour « une somme égale au quotient obtenu en divisant ce capital par « le nombre des Obligations non encore éteintes. Toutefois, dans « le cas où les Obligations comprises dans une même série ne « sont pas émises à des conditions identiques, le taux de l'es- « compte des annuités à échoir est fixé au taux légal commer- « cial en vigueur ».

(1) On s'est demandé si la rédaction du Projet de loi permettrait de lancer des obligations d'une même émission avec un système d'intérêts progressifs. Sans doute, puisque l'article premier du Projet n'exige l'identité que dans le taux du remboursement.

Assemblées générales d'Obligataires.

Cette innovation est également empruntée à la loi votée en 1884 par le Sénat. Elle est depuis longtemps désirée et, suivant les laconiques expressions de l'Exposé des motifs, « l'utilité de ces Assemblées n'est plus à démontrer. » Aussi l'article 2 du Projet les autorise-t-il nonobstant toute stipulation contraire.

1° Quels seront les pouvoirs de ces Assemblées? L'article 10 nous le dit.

« L'Assemblée générale régulièrement constituée a le droit :

a) De nommer un ou plusieurs représentants aux Obligataires ;

b) De décider des actes conservatoires à accomplir dans l'intérêt commun ;

c) De confier à des représentants le pouvoir d'intenter des procès déterminés ;

d) De proroger une ou plusieurs échéances d'intérêts ;

e) De prolonger la durée de l'amortissement ou de le suspendre ;

f) De consentir la réduction du taux de l'intérêt ou de modifier les conditions de paiement des coupons ;

g) De décider que des dépenses seront faites à la charge des Obligataires.

Ni le Projet présenté au Sénat, ni la loi votée par lui en 1884 n'énuméraient les pouvoirs de l'Assemblée des Obligataires. Etait-ce oubli ? Etait-ce sagesse ? Nous n'avons pas à le juger. Il y a toutefois, peut-on dire, quelque témérité, aussi bien à conférer des pouvoirs précis à une Assemblée de cette nature qu'à les énoncer limitativement. On s'expose aux critiques, souvent fondées, tout au moins troublantes, soit de ceux qui estiment ces pouvoirs trop considérables, soit de ceux qui les jugent insuffisants. Ces critiques ne font pas défaut en l'occurence.

La Société Industrielle de l'Est demande ici une addition, là une restriction. En premier lieu, elle voudrait que l'Assemblée générale des Obligataires pût, en cas de liquidation volontaire de la Société débitrice, accepter le remboursement anticipé des Obligations à prime, et ce suivant la formule inscrite dans l'article 14 du Projet, cité plus haut. Sans doute, le Rapporteur de la Société Industrielle de l'Est fait allusion au cas où la Société débitrice ne s'était pas réservé, lors de l'émission des Obligations, la faculté d'anticiper les dates de remboursement. Il est certain que, dans cette hypothèse, les Obligataires ont le droit strict d'exiger que les conditions de l'emprunt soient strictement appliquées ; ce qui forcerait la Société à subsister, — tout au moins sous forme de Société en liquidation —, uniquement pour faire le service des intérêts et du remboursement, ou à consigner dans une Caisse publique les sommes nécessaires à ce double service. L'addition proposée nous paraît donc aussi logique qu'ingénieuse.

En second lieu, la Société Industrielle de l'Est observe qu'il est trop vague, et partant dangereux, d'autoriser l'Assemblée à décider que « des dépenses seront faites à la charge des Obligataires ». Ces mots « des dépenses » peuvent signifier des engagements nouveaux ; or, il serait exorbitant qu'une Assemblée votant à la majorité pût imposer à la collectivité des charges nouvelles. Il convient donc de préciser ; d'accord d'une part avec la loi allemande, d'autre part avec l'article 533 de notre Code de Commerce, on devrait dire que l'Assemblée des Obligataires pourra « décider que les frais occasionnés par les démarches et « opérations engagées dans l'intérêt des Obligataires seront à la charge de ces derniers. Si on vote des engagements nouveaux, « ils ne seront valables qu'à l'égard des Obligataires qui les « auront consentis. » Ici encore notre approbation est entière.

Dans un esprit très différent, la Chambre de Commerce de Marseille s'insurge sur la question de principe. Son rapporteur n'admet pas qu'une Assemblée d'Obligataires ait le droit, à la majorité, de modifier ce qui concerne les intérêts et l'amortissement de l'emprunt. « L'Obligataire, dit-il, est un créancier dont « le prêt doit avoir un caractère de fixité et de stabilité auquel il « serait dangereux de toucher sans son assentiment. Une majo- « rité quelconque ne doit pas avoir le droit d'imposer un chan- « gement aux conditions de l'emprunt ». L'objection est forte. On peut cependant lui opposer que le but essentiel du Projet de loi est précisément de permettre aux Obligataires de se réunir, de se grouper pour la défense de leurs intérêts ; or, il est possible que, connaissance prise de la situation réelle de la Société débitrice, le souci de ces intérêts leur commande d'apporter au pacte d'emprunt telles modifications qui sortiront la Société d'embarras passagers et sauvegarderont l'avenir. De même que des créanciers ordinaires peuvent à la majorité, dans leur propre intérêt, consentir à leur débiteur termes et délais, ou des facilités quelconques, ou encore un concordat, de même il importe que les Obligataires, délibérant dans des conditions normales de majorité, aient le pouvoir d'accorder les concessions que les circons-

tances commandent. Aussi, ne croyons-nous pas devoir demander avec la Chambre de Commerce de Marseille la suppression
de pouvoirs sans lesquels une partie notable, essentielle peut-
être, du but poursuivi par la loi ne saurait être atteinte.

2° L'article 3 du Projet stipule sagement qu'une Assemblée
d'Obligataires ne peut comprendre que les porteurs d'Obligations
conférant des droits égaux. Il y aura donc autant d'Assemblées
qu'il existera de types différents d'Obligations ;

3° Les Assemblées sont convoquées par la Société débitrice. Il
ne saurait en être autrement, puisque c'est elle qui supporte les
frais de convocation et de tenue de ces réunions.

L'article 4 ajoute que « l'Assemblée doit être convoquée quand
« des porteurs d'Obligations, formant le vingtième au moins du
« capital représenté par chaque série d'Obligations, réclament
« cette convocation, par écrit, avec indication d'un Ordre du
« jour ». Rien n'est plus juste en soi, sous la réserve peut-être
que le quorum pourrait être, non pas d'un vingtième, mais d'un
dixième suivant le vœu de la Société Industrielle de l'Est. De
plus, ne serait-ce qu'en raison des frais imposés à la Société débitrice, nous voudrions une sanction, par exemple une condamna-
tion à des dommages-intérêts, dans le cas où la convocation d'une
assemblée aurait été exigée sans motif et surtout dans une
intention malveillante.

Le Sénat, en 1884, avait délibéré dans un sens différent. Il
accordait, non pas aux obligataires, mais aux Commissaires nommés par les Obligataires, le droit d'exiger, aux frais de la Société
débitrice, la convocation de l'Assemblée, et cela autant de fois
qu'il y aurait d'Assemblées générales des Actionnaires de la
Société débitrice. Sur ce point, nous préférons le Projet actuel.
De plus, et en dehors de ces cas ainsi précisés, le Sénat prévoyait
la faculté pour les Commissaires de convoquer eux-mêmes les
porteurs d'Obligations, mais alors aux frais de ceux qui compo-
saient ces réunions spéciales. Cela est équitable et logique ;

4° L'article 5 indique les délais et les formes moyennant lesquels les Assemblées d'Obligataires doivent être convoquées,
ainsi que les mentions qui figureront dans les avis de convocations ;

5° La feuille de présence des Assemblées, dit l'article 6, établie
à la diligence de la Société débitrice, énumérera les noms, prénoms et domiciles des Obligataires présents ou représentés. Cela
est de règle, comme aussi l'indication du nombre des titres déposés par eux. Le Projet y ajoute les numéros de ces Obligations,

et cette exigence nouvelle surprend à bon droit l'honorable Rapporteur de la Chambre de Commerce de Marseille. Non pas que nous voyions là, comme lui, une condition difficile à réaliser et une entrave au bon fonctionnement des assemblées. Mais cette précaution, qui n'existe pas pour les Assemblées d'Actionnaires, nous semble bien inutile, puisque, pour participer aux Assemblées, les Obligataires doivent déposer leurs titres et que le Président de la réunion, en certifiant la feuille de présence, garantira par là même sa correction ;

6° Quel quorum sera nécessaire pour la validité des délibération ? L'Assemblée ne peut délibérer que si elle comprend un nombre d'Obligataires représentant les trois-quarts au moins du capital obligations en circulation (déduction faite des titres encore en la possession de la Société débitrice), et les résolutions, pour être valables, doivent réunir les deux tiers au moins des voix des membres présents ou représentés. Chaque Obligataire a autant de voix qu'il possède d'Obligations, et la Société débitrice n'a aucun droit de vote pour les titres qu'elle détient.

Ces conditions sont de rigueur : une assemblée ultérieure n'est pas prévue, qui pourrait délibérer valablement en nombre inférieur. Cela est juste, s'agissant de créanciers dont les droits ne doivent être modifiés que par une majorité importante. Sans doute, ce système a des inconvénients, que l'on aperçoit sans peine ; mais une réglementation moins stricte en aurait d'autres infiniment plus graves.

Représentants des Obligataires.

Nous avons vu que, parmi les pouvoirs de l'Assemblée des Obligataires, figure celui de nommer un ou plusieurs représentants. Ceux-ci seront les intermédiaires naturels, légaux, entre les porteurs d'Obligations et la Société débitrice, — intermédiaires tantôt amiables lorsqu'il s'agit de concilier les intérêts des deux collectivités, tantôt agressifs s'il y a lieu d'intenter et de poursuivre des procès décidés par l'Assemblée. Bien que le Projet ne le dise pas, ces représentants, s'ils sont rémunérés, devront l'être par les Obligataires. Il y aurait avantage à l'inscrire dans la loi.

Ce sont des mandataires ordinaires et, comme tels, soumis aux règles générales du mandat, comme à ses responsabilités. Doivent-ils être nécessairement choisis parmi les Obligataires ? Le Projet ne l'indique pas, non plus que l'Exposé des motifs. Il nous paraît à tous égards désirable que le représentant soit un

Obligataire, intéressé personnellement à sa mission, et non pas un tiers. Nous sommes d'avis que la loi devrait le spécifier nettement.

Le Projet accorde à ce représentant des Obligataires le droit d'obtenir de la Société débitrice les mêmes communications que les Actionnaires de celle-ci et aux mêmes époques, et de plus la faculté de se faire délivrer copie des procès-verbaux de toutes les Assemblées générales des Actionnaires, quelle qu'en soit la date. Il peut même assister aux Assemblées générales, ordinaires ou extraordinaires des Actionnaires, sans toutefois prendre part aux discussions ni aux votes. Cette réserve indique qu'il ne doit pas s'immiscer dans la gestion des affaires sociales ; cela est d'ailleurs inscrit dans le Projet.

Obligations hypothécaires.

Cette question est certainement une des plus intéressantes, car il importe de donner une validité légale à des solutions que la pratique avait imaginées, avec l'approbation de la jurisprudence, à défaut de texte législatif. L'article 11 qui la tranche peut se résumer ainsi dans ses lignes essentielles : au cas où les Obligations sont appelées à jouir de privilèges, hypothèques ou autres causes légitimes de préférence, la Société débitrice doit convoquer dans des délais déterminés, l'Assemblée générale des Obligataires, laquelle désignera un ou plusieurs représentants chargés de remplir toutes les formalités légales.

Ainsi que le rappelle l'Exposé des motifs, des difficultés, paraissant inextricables en l'état actuel de la législation, surgissent aussi bien pour la constitution que pour la main-levée d'une hypothèque, lorsqu'il s'agit d'Obligations. Celles-ci sont souscrites par diverses personnes, souvent à des époques successives : comment l'hypothèque prendra-t-elle naissance ? au profit de qui sera-t-elle souscrite ? ne sera-t-il pas impossible de lui donner le rang précis et invariable que la Société emprunteuse désire lui attribuer et qui est une des conditions de l'emprunt ? Lorsque le titre, qui est souvent au porteur, passera de main en main, l'inscription hypothécaire, qui présuppose un bénéficiaire certain, le suivra-t-elle dans sa mobilité continuelle ? D'autre part, des embarras de même nature se présentent lorsqu'il s'agit de donner des mains-levées partielles, en suite d'amortissements, etc.

C'est pour échapper à ces inconvénients que l'ingéniosité de la pratique a trouvé le système, soit de gérants d'affaires chargés d'agir au nom de la collectivité des Obligataires, soit de Sociétés civiles d'Obligataires. Des objections ont été soulevées, des procès ont été engagés sur la validité de ces solutions. Ces dernières ont cependant été admises par la jurisprudence, et nous lisons dans un arrêt de la Cour de Cassation, du 20 octobre 1897 (Revue des Sociétés, 1898, page 6) que « l'hypothèque consentie au profit « d'un groupe d'Obligataires d'une Société anonyme peut être « valablement inscrite à la requête d'un gérant d'affaires. S'agis- « sant de bénéficiaires dont le droit réside dans la détention d'un « titre au porteur, la désignation du créancier, exigée par l'ar- « ticle 2148 C. Civ., peut consister dans la désignation du titre « en vue duquel l'hypothèque a été consentie, c'est-à-dire que « l'inscription peut être prise au profit du porteur actuel ou « futur de ce titre ».

Le Projet donne force de loi à cette jurisprudence ; il régularise, délimite et précise la mission des représentants des Obligataires à ce point de vue. Nous ne saurions trop l'approuver de suivre les Tribunaux dans cette voie libérale, que le Sénat avait, d'ailleurs, indiquée déjà en 1884.

Modifications de l'objet ou de la forme de la Société débitrice.

Aux termes de l'article 13 du Projet, « Aucune des modifica- « tions aux Statuts, touchant à l'objet ou à la forme de la Société, « ne pourra être réalisée par une Société ayant émis des Obliga- « tions, sans l'adhésion des Obligataires délibérant conformé- « ment à l'article 9. Cette adhésion, pour être valable, devra être « consentie par les deux tiers du Capital. — Obligations en « circulation ».

Cette disposition est l'objet d'assez vives critiques, en sens contraires.

On a objecté (telle est l'opinion de la Chambre de Commerce de Marseille), qu'il est exorbitant d'autoriser une majorité quelconque de créanciers à accepter, et par conséquent à imposer a l'universalité des ayants-droit, un changement ou une diminution du gage. C'est, à notre avis, résoudre la question par la question. Une modification dans l'objet ou la forme de la Société débitrice n'est pas nécessairement une diminution du gage des Obligataires ; c'est précisément pour examiner si la modification projetée implique diminution de leur gage que les Obligataires doivent être réunis et consultés.

On a pris le contre-pied de l'observation que nous venons de réfuter et on a incriminé le législateur d'attenter à la liberté et à l'indépendance des Sociétés en les soumettant au bon vouloir, au veto possible, de leurs Obligataires. Ceux-ci, en somme, sont des créanciers. En cette qualité, leur seul droit est d'exiger le paiement de leurs intérêts et le remboursement de leur capital aux échéances fixées. Un créancier ordinaire serait-il consulté sur le changement d'objet ou de forme de la Société ? pourrait-il s'y opposer si sa créance n'était pas ainsi mise en péril ? Un débiteur autre qu'une Société a-t-il à subir un pareil contrôle dans les actes de sa vie ? Ces diverses objections sont relevées dans l'Exposé des motifs ; mais le Projet passe outre. Nous n'y voyons personnellement aucun inconvénient. La tendance est qu'Actionnaires et Obligataires deviennent, dans une large mesure, des collaborateurs, et la disposition dont il s'agit ici précise une des phases les plus intéressantes de cette collaboration, destinée à éviter des conflits ultérieurs. De même que les Obligataires doivent pouvoir consentir aux Actionnaires les délais et les facilités qu'exigeraient des circonstances particulières, de même il est bon que les Actionnaires ne puissent, sans l'adhésion des Obligataires, apporter à leur propre association des changements notables. La seule critique que nous ayons à formuler est que cet article soit applicable rétroactivement aux Sociétés actuelles ; nous y reviendrons dans un instant.

En principe donc, nous acceptons la disposition nouvelle, sous une réserve toutefois, indiquée par la Société Industrielle de l'Est : aux expressions trop vagues du Projet « modifications *touchant à l'objet ou à la forme de la Société* », nous préférons celles de « modifications *emportant changement d'objet ou de forme* », c'est-à-dire des termes qui ne s'appliquent qu'aux cas où il y a véritablement changement, et non pas simplement extension ou modification sans importance.

La Chambre de Commerce de Marseille formule une autre observation, qui vise la seconde partie de l'article 13. « Nous ne « voyons pas pourquoi, dit son rapporteur M. G. COUVE, dans « une question aussi sérieuse que le changement d'objet d'une « Société, le quorum exigé est abaissé aux deux tiers, alors que « pour les Assemblées ordinaires, il est fixé aux trois quarts des « Obligations en circulation ». Il y a là, croyons-nous, malentendu ou interprétation un peu rapide du Projet. Celui-ci ne nous semble rien dire de semblable. Après avoir indiqué que les Obligataires délibéreront conformément à l'article 9, — *c'est-à-dire que l'Assemblée, pour être valable, doit réunir les trois quarts au moins du capital en circulation*, — il ajoute que l'adhésion devra être consentie par les deux tiers au moins *de ce même capital*. Or, dans les Assemblées ordinaires, rappelons-le, il suffit que cette majorité soit des *deux tiers des Obligataires présents ou représentés* à l'Assemblée ; l'Assemblée étant régulière si elle se compose des trois quarts du capital-obligations, le vote sera donc acquis s'il réunit les deux tiers des trois quarts du capital, soit la moitié de ce capital. Dans le cas de l'article 13, au contraire, le vote ne sera valable que s'il émane des deux tiers du capital. Le quorum, loin d'être abaissé, est donc relevé. Nous sommes convaincus que telle est la seule signification de l'article 13 ; il serait inadmissible qu'il en fût autrement.

Pénalités.

Nous n'avons rien à dire contre la disposition qui punit des peines portées en l'article 405 du Code pénal (sauf le bénéfice des circonstances atténuantes prévu par l'article 463 du même code) différents faits de mauvaise foi ou de résistance aux prescriptions de la loi.

Rétroactivité.

La rétroactivité ordonnée dans le paragraphe second de l'article 17 du Projet est regrettable, comme l'est toute mesure d'exception.

Assurément, il peut sembler désirable que les porteurs d'Obligations déjà émises bénéficient des avantages et de l'organisation introduits par le Projet de loi. Mais il est inadmissible d'imposer la réglementation nouvelle onéreuse et souvent gênante pour elles, à des Sociétés qui ont émis des Obligations sous la législation existante, et qui peut-être n'auraient pas utilisé ce mode d'emprunt si elles avaient prévu l'intervention du législateur telle qu'elle se manifeste aujourd'hui. Aussi nous élevons-nous avec la plus grande énergie contre une rétroactivité contraire aux droits acquis, susceptibles de créer des situations insolubles, de compromettre les intérêts les plus respectables, en jetant le trouble dans nombre de Sociétés ayant émis des Obligations qui se trouveraient régies par une loi postérieure à leur création.

TITRE II

Parts de Fondateur

Notre intention n'est pas d'étudier ici la Part de Fondateur, de discuter quel est au juste son caractère juridique, ni d'examiner ses multiples raisons d'être. A cet égard, le Projet de loi est, dans son texte même, d'une imprécision et d'un vague réellement déconcertante. La Part de Fondateur, nous dit-il, est ce titre dont les droits sont définis par l'article 4 de la loi du 24 juillet 1867, — modifié par le Projet relatif aux Sociétés par actions (1). Si nous nous reportons à cet article 4 tel qu'il est remanié par le Projet nouveau, nous y lisons : « Les avantages « consentis aux fondateurs ou à toute autre personne peuvent « être représentés par des titres négociables qui ne donnent « droit qu'à une part dans les bénéfices ». En matière de défini tion juridique, le législateur moderne se contente, on le voit, à peu de frais.

L'Exposé des motifs est moins laconique. On peut même lui reprocher de ne l'être pas assez ; sans doute parce que sa thèse est médiocre, il abonde en affirmations sans preuves, en indignations surprenantes et même en contradictions.

Tout d'abord, il fait ressortir l'incontestable utilité de la Part de Fondateur et les services qu'elle a rendus. Il indique aussi que — juridiquement — le porteur de l'art n'est pas un véritable associé, qu'il n'est pas non plus un créancier ordinaire, et qu'il est investi d'une créance *sui generis*, simple créance de bénéfices. C'est ainsi tout au moins qu'il apparaît au rédacteur du Projet, et telle est la réalité dans la plupart des cas. La Part de Fondateur, en effet, n'est jamais un titre souscrit contre espèces comme l'action, et elle ne figure pas dans la constitution du capital social. Elle n'est jamais non plus admise à participer à l'administration de l'entreprise sociale. Généralement enfin, son propriétaire n'a droit qu'à une portion du solde disponible des bénéfices annuels, après prélèvement des charges et de l'intérêt promis aux Actions.

(1) Nouvel exemple du détestable procédé consistant, dans la loi même qui traite d'une certaine nature de titres, à renvoyer pour la définition de ce titre à une loi préexistante dont on propose la modification : — en résumé trois textes législatifs à consulter pour essayer de comprendre de quoi il est parlé.

L'Exposé des motifs va plus loin. Il déclare, sans d'ailleurs en donner la raison, que les droits du porteur de Part de Fondateur ne peuvent être que ceux-là, et il ne craint pas de qualifier de *coupables, abusives* et *frauduleuses* des pratiques consistant par exemple à réserver aux Parts « des droits dans l'actif à l'époque « de la liquidation et du partage ». En quoi cependant ces pratiques sont-elles répréhensibles? Sont-elles contraires aux lois, aux bonnes mœurs, à la chose publique ? Dès lors, ne sont-elles pas légitimes comme toutes conventions librement intervenues entre personnes majeures et capables de contracter ? Vous le reconnaissez vous-même : le Fondateur, dites-vous, concilie au lancement de l'entreprise les sympathies du public et des banquiers ; il fait plus, ajoutez-vous, il donne au directeur des conseils sur son organisation ; en un mot, concluez-vous, il est un des facteurs les plus utiles à la création et au développement de l'affaire. Cette affaire est donc un peu sienne, sinon autant qu'elle est celle des actionnaires, du moins suffisamment pour qu'il ait légitimement le droit de prétendre à une part quelconque, non seulement des bénéfices annuels, mais aussi de ce bénéfice final qui est représenté par le solde actif au moment de la liquidation, après remboursement du capital, car ce bénéfice final est aussi bien son œuvre que les bénéfices annuels. Une pareille conclusion s'impose si nettement à l'esprit que les statuts de nombreuses Sociétés, — et certes, non des moindres par leur importance et l'honorabilité de leurs fondateurs, — stipulent que, dans le cas de liquidation volontaire soit à l'expiration de la Société soit antérieurement, l'actif disponible, après acquit des charges et remboursement du capital, sera partagé dans les proportions déterminées entre les actionnaires, les porteurs de Parts et la direction, c'est-à-dire entre les trois artisans de la fortune acquise par la Société (1).

Notre protestation contre l'étrange théorie du Projet de loi est d'autant plus énergique que celui-ci implique la rétroactivité.

(1) Ce point ne semble pas discutable. Ceux-là même, qui, se plaçant dans une hypothèse spéciale, considèrent comme « injuste de faire con- « courir les Parts de Fondateur à la distribution d'une partie de l'actif « représentant le capital social « *par préférence aux actions de jouis-* « *sance* », reconnaissent la pratique jusqu'ici adoptée, et d'après laquelle, « après le remboursement des actions non amorties, l'excédent d'actif est « réparti entre tous les actionnaires sans exception et même les porteurs « de Parts de Fondateur, s'il existe des titres de cette nature. » Il ne fait de réserves que pour les actions de jouissance et seulement sur le capital social lui-même. (M. Paul Maria, notaire à Marseille ; *Etude sur les actions de jouissance*. Paris 1905).

Si, à la rigueur, il est possible d'admettre qu'une loi nouvelle (tout peut arriver) interdise, nous ne savons pour quels motifs, que les Parts de Fondateur aient dorénavant aucune part dans le solde bénéficiaire d'une entreprise, nous nous refusons à accepter que les conventions contraires de Sociétés actuellement existantes soient sur ce point rétroactivement déclarées nulles comme coupables, abusives et frauduleuses.

Au demeurant, il suffit d'examiner le Projet de loi lui-même pour se convaincre que, tout en le considérant comme un créancier, il traite le porteur de Part comme un associé *sui generis*. Nous ne pensons donc avoir nulle peine à convaincre le législateur d'être logique avec soi-même, en n'élevant pas arbitrairement des barrières nouvelles contre la liberté des conventions, et en laissant à cette nature spéciale de titre le caractère qu'il convient aux intéressés de lui donner.

Sous le bénéfice de ces observations générales, nous allons étudier successivement les dispositions légales proposées, en les groupant d'après leur objet.

Assemblées générales.

Comme il l'a fait pour les Obligataires, le Projet prévoit la réunion des porteurs de Parts de Fondateur en Assemblées générales, afin de délibérer sur leurs intérêts et aussi sur les propositions qui peuvent leur être soumises par la Société débitrice.

A ces Assemblées sont applicables les articles 5, 6, 7, 8 et 9 paragraphe dernier, relatifs aux réunions d'Obligataires. Ces dispositions visent :

a) le mode de convocation des Assemblées par la Société débitrice ;

b) la feuille de présence, au sujet de laquelle nous disons, comme pour les Obligataires, que l'exigence des numéros des titres n'est pas justifiée ;

c) l'organisation du Bureau, de l'Ordre du jour et du Procès-verbal de la réunion ;

d) les frais de convocation et de tenue des Assemblées, qu'il ne nous parait pas juste de faire toujours supporter par la Société débitrice ainsi que nous l'avons indiqué à propos des Obligations ;

e) l'interdiction pour la Société débitrice de voter avec les titres dont elle est détentrice.

Enfin, ici encore, la Société débitrice est obligée de convoquer une Assemblée lorsqu'elle en est requise par un groupe de porteurs représentant au moins le vingtième des Parts.

Mais des différences s'accusent aussitôt, qui démontrent bien que, quoi qu'il en ait dit, le législateur nouveau considère le porteur de Part beaucoup plus comme un associé que comme un créancier.

Tandis que l'Assemblée des Obligataires ne peut statuer que sur des cas limitativement énumérés, l'Assemblée des porteurs de Parts de Fondateur peut, comme celle des Actionnaires, trancher toutes les questions qui lui sont soumises, même le rachat des Parts ou leur conversion en Actions, ou encore la dissolution anticipée de la Société débitrice.

Voilà des droits bien étendus. Leur exercice est-il soumis à une loi de majorité plus stricte que celle qui règle les délibérations des Obligataires ? Tout au contraire. L'Assemblée des Obligataires ne peut délibérer que si elle comprend au moins les trois quarts du capital-obligations et la majorité doit être d'au moins les deux tiers des Obligataires présents ou représentés ; ici, la moitié des Parts suffit pour la régularité de l'Assemblée, et la moitié plus une des voix présentes ou représentées rend le vote valable. Les questions les plus graves (rachat des Parts, conversion en Actions, anéantissement des Parts par le fait de la dissolution de la Société, etc., etc.) peuvent donc être tranchées par le quart plus une des Parts en circulation.

Cette législation est faite pour surprendre au premier examen, et l'on comprend l'énergique résistance que la Chambre de Commerce de Marseille oppose à ce que son honorable rapporteur considère comme une fantaisie déraisonnable et dangereuse. Notre étonnement est moins grand ; ici comme dans la plupart des autres articles, nous apparaît la tendance, d'ailleurs inévitable, du Projet à confondre le porteur de Part et l'Actionnaire. Quelle est, en effet, d'après la législation actuelle, la composition de l'Assemblée ordinaire des Actionnaires d'une Société ? le quart au moins du capital. Quel est le quorum d'une Assemblée extraordinaire appelée à modifier le pacte social ? la moitié au moins du capital. Ainsi s'expliquent par analogie les dispositions du Projet relatives aux Parts de Fondateur.

Elles s'expliquent, disons-nous, par l'assimilation qui s'est imposée à l'esprit des rédacteurs du Projet. Mais elles ne se légitiment pas. Elles sont d'autant moins défendables qu'elles se heurtent à un autre texte du même Projet. Celui-ci prévoit que la Société débitrice désire toucher à son propre objet ou à sa forme et il stipule que cette modification ne sera valable que si elle est approuvée par une Assemblée de porteurs de Parts, comprenant les deux tiers des Parts émises et votant avec une majorité réunissant les trois quarts au moins des membres présents ou représentés. Ainsi, lorsqu'il s'agit d'une modification dans la forme ou dans l'objet de la Société, c'est-à-dire d'un fait qui, notons-le bien, peut laisser et laissera souvent absolument intacts les droits des porteurs de parts, il faudra mobiliser les deux tiers des Parts émises et exiger une majorité des trois quarts des votants, — tandis que la présence de la moitié des Parts et le vote par la moitié de cette moitié suffiront quand se poseront ces questions, — autrement graves pour les porteurs de Parts puisqu'elles attenteront forcément à leurs droits —, de la réduction de leur participation bénéficiaire, de leur rachat ou de leur disparition !... Nous aurions regret d'insister, il appartient au Parlement de faire disparaître des erreurs que seule une rédaction trop rapide peut excuser.

De même que pour les Obligataires, on s'est demandé pourquoi une seconde Assemblée avec un quorum moindre ne pourrait pas être convoquée dans le cas où la première ne réunirait pas le nombre de Parts exigé par la loi. La Société Industrielle de l'Est propose qu'une seconde Assemblée puisse avoir lieu quinze jours après une tentative infructueuse et que son quorum soit réduit au tiers. L'opinion que nous venons d'exprimer sur les pouvoirs exorbitants que le Projet accorde à une infime majorité nous dispense d'insister sur les motifs qui nous font repousser la proposition de la Société Industrielle de l'Est.

Relations des porteurs de Parts avec la Société débitrice.

1° L'article 19 du Projet autorise les porteurs de Parts, si les Statuts de la Société le permettent, à assister aux Assemblées générales des Actionnaires, mais sans voix délibérative. Cette faculté, qui n'est pas accordée aux Obligataires, montre une fois de plus que les porteurs de Parts sont traités plus en associés qu'en créanciers.

Le rapporteur de la Chambre de Commerce de Marseille craint que cette disposition présente des inconvénients si les Parts sont subdivisées. Le fait de la subdivision n'est pas en soi-même un obstacle ; il suffit que les Statuts le prévoient et réglementent en conséquence l'assistance aux Assemblées.

Une autre question est plus délicate : si les porteurs de Parts ne peuvent, dit le Projet, avoir voix délibérative, s'ensuit-il qu'ils ont voix consultative ? La Société Industrielle de l'Est estime qu'ils ne doivent pas avoir davantage voix consultative, par la raison, dit son rapporteur, qu'il n'y a pas lieu de mieux traiter sur ce point les porteurs de Parts que les Obligataires. L'argument ne nous touche ni ne nous convainc. Le porteur de Part n'est pas comme l'Obligataire un simple créancier, et tout ce que nous avons dit plus haut indique qu'il est, au contraire, en sa qualité de Fondateur, d'ouvrier de la première heure, un associé *sui generis* dont l'opinion et les conseils doivent être entendus aux Assemblées d'Actionnaires. Au surplus, que dit l'article 19 du Projet ? « Les Statuts peuvent autoriser les porteurs de Parts « à assister aux Assemblées générales d'Actionnaires, *mais sans* « *voix délibérative*, à peine de nullité des délibérations ». C'est donc que la voix consultative ne leur est pas interdite. Nous pensons qu'il suffira que les Statuts le prévoient.

Un argument de texte pourrait être opposé. Aux termes de l'article 27 du Projet « l'Assemblée des porteurs de Parts peut nom-« mer un représentant, qui sera investi des pouvoirs accordés « par les articles 11 et 12 aux représentants des Obligataires ». Or, l'article 12 dit que le représentant des Obligataires peut assister aux Assemblées d'Actionnaires, mais sans participer ni aux discussions ni aux votes. On pourrait donc prétendre que, si le représentant des porteurs de Parts ne peut participer ni aux discussions ni aux votes, les intéressés eux-mêmes ne sauraient avoir des droits plus étendus. Il est facile de répondre. Si un mandataire ne peut avoir plus de droits que son mandant, la réciproque n'est pas exacte ; en admettant que le représentant des porteurs de Parts n'ait pas voix consultative aux Assemblées de la Société, cela ne prouverait point que les porteurs eux-mêmes en fussent privés nécessairement. Mais il y a plus. L'article 27 doit être interprété dans sa portée générale et non strictement dans les détails d'une rédaction sujette à révision. Spécialement, en ce qui concerne l'assistance aux Assemblées d'Actionnaires, l'article 12 relatif aux Obligataires est d'autant moins applicable dans sa forme rigoureuse aux porteurs de Parts que contrairement aux Obligataires, les porteurs de Parts ont tous le droit d'assister personnellement à ces Assemblées et n'ont par conséquent pas à s'y faire représenter par un délégué spécial.

Afin d'éviter toute difficulté d'interprétation, nous demandons que les articles 19 et 27 soient complétés dans ce sens, savoir :

a) L'article 19 par les mots : « Les porteurs de Parts peuvent avoir voix consultative ».

b) L'article 27 par ceux-ci : « sous réserve de ce qui est dit à l'article 19, au sujet de l'assistance aux Assemblées générales d'Actionnaires ».

2° Nous avons vu que les porteurs de Parts pourront prendre toutes décisions, notamment approuver la réduction de leur participation dans les bénéfices, le rachat de leurs titres par la Société et leur conversion en Actions. Sur ce dernier point, l'article 24 du Projet formule une restriction : la conversion en Actions ne pourra être effectuée que deux ans après la constitution de la Société. Le motif de cette réserve est donné par le même article, lorsqu'il ajoute que les Actions ainsi créées en représentation des Parts « ne sont pas assujetties à la prohibi-« tion de négociation édictée par l'article 3 de la loi du 24 juillet « 1867 ». Il est clair, en effet, que si la conversion des Parts en Actions était autorisée avant l'expiration des deux années pendant lesquelles les Actions d'apport ne sont pas négociables, la loi serait aisément tournée : les apporteurs se feraient remettre des Parts, qui seraient aussitôt converties en Actions immédiatement négociables.

Cette restriction ne satisfait pas M. BOURCART, le distingué rapporteur de la Société Industrielle de l'Est. Il demande que la conversion des Parts en *Actions de Capital* soit interdite et il ne l'admet *qu'en actions de jouissance*. La raison qu'il en donne est que « les actions de capital supposent un genre d'apport effectif qui fait ici défaut ». Nous ne partageons pas cette opinion. L'Action de capital ne suppose pas forcément un apport effectif, et il peut y avoir apport effectif payé en Parts de Fondateur. L'Exposé des motifs le dit avec une absolue justesse « la Part de Fon-« dateur est un titre attribué tantôt gratuitement, tantôt en « *échange* de *prestations en travail, en capital* ou *exceptionnelle-*« *ment en nature* ». Mais, si l'argument de M. BOURCART nous paraît faire défaut, nous ne désapprouvons pas moins la conversion des Parts en Action de capital, et cela par le motif qu'à l'encontre des Parts qui, par essence, n'ont aucune valeur nominale, les Actions de capital doivent par essence en avoir une. Et alors quelle valeur donnera-t-on à ces Actions créées en échange des Parts? Quelle que soit cette valeur, il faudra augmenter d'autant le capital social et alors quelle sera la contre-partie active de cette augmentation du passif? Sans doute, le rédacteur du Projet n'a pas prévu cette difficulté, car elle fait partie de ces objections d'ordre pratique auxquelles le législateur ne songe pas toujours.

3° Dans un autre ordre d'idées, nous verrions volontiers admise par le législateur une disposition additionnelle visant le cas d'augmentation du capital (1). Ainsi que le remarque judicieusement M. BOURCART, « il se produit fréquemment des conflits « entre les actionnaires et les porteurs de Parts dans le cas d'aug- « mentation du capital social. Les porteurs de Parts élèvent la « prétention de se faire allouer leurs bénéfices dans la propor- « tion du capital nouveau, de manière à profiter de cet accrois- « sement ». Il est certain, en effet, que, normalement, l'augmentation du capital social est de nature à développer le champ d'action et les affaires de la Société et, par suite, à accroître les bénéfices dans des conditions souvent supérieures à la proportion dans laquelle le capital a été augmenté. Telle entreprise, qui rend 5 % avec un capital d'un million, peut être susceptible de rapporter 10 % avec un capital porté à quinze cent mille francs. Il ne serait pas équitable qu'en tout état de cause et sauf disposition contraire des Statuts, la participation des Parts dans les bénéfices se trouvât ainsi augmentée. « Les Parts des Fondateurs, « conclut M. BOURCART, n'ont droit à des bénéfices que sur le « pied du capital primitif, tel qu'il existait au moment où les « Parts leur ont été attribuées, lors de la formation du pacte « social qui les a liées à la Société ». Sans doute, la mise en pratique de cette théorie ne sera pas facile et nous ne pensons pas qu'il soit toujours aussi simple que paraît le croire la Société Industrielle de l'Est, de calculer rigoureusement la part bénéficiaire des Parts de Fondateur « d'après la proportion du capital initial par rapport au capital augmenté ». Mais il appartiendra aux Statuts de prévoir le cas et de le réglementer suivant les circonstances et les convenances des divers intéressés.

L'hypothèse d'une augmentation du capital social conduit M. BOURCART à envisager incidemment celle de la réduction de ce capital, e til estime que, dans ce dernier cas, il n'y a pas lieu de prendre des précautions analogues. Tel n'est pas notre avis. L'expérience nous montre au moins autant de conflits entre Actionnaires et porteurs de Parts, si le capital social est réduit que s'il est augmenté. Il ne saurait d'ailleurs en être autrement. Supposons une Société constituée au capital de deux millions ; ses Statuts prévoient qu'après prélèvement de la réserve légale et d'un intérêt de 5 % aux actions, le solde des bénéfices sera partagé dans des proportions déterminées entre les Actionnaires et

---

(1) La Société Industrielle de l'Est rédige ainsi cet article additionnel : « Sauf disposition contraire des Statuts, en cas d'augmentation du capi- « tal social, la portion de bénéfices attribués aux Parts de Fondateur « restera fixé sur le pied du capital initial ; elle serait calculée d'après « la proportion du capital initial par rapport au capital augmenté. »

les porteurs de Parts. Si le capital de cette Société est réduit à un million, l'intérêt 5 % à prélever au profit des Actions absorbera une somme moindre et, par conséquent, le solde bénéficiaire sera susceptible d'être sensiblement plus élevé, d'où avantage pour les Parts. Cela n'est pas admissible. Aussi les Tribunaux ont-ils jugé que, dans cette hypothèse, l'intérêt à prélever au profit du capital-actions, avant de donner ouverture aux droits des porteurs de Parts, doit être calculé, non pas sur le capital réduit, mais sur le capital initial (1). Il conviendrait que le législateur prévînt toutes difficultés, en sanctionnant cette jurisprudence dans un article de la loi nouvelle, ou mieux dans un paragraphe additionnel d'un article relatif au cas d'augmentation du capital social. Ce paragraphe pourrait être rédigé ainsi : « Dans le cas de réduction du capital social, sauf disposition contraire des « Statuts, les droits des porteurs de Parts dans les bénéfices subi- « ront des prélèvements basés non sur le capital réduit, mais « sur le capital initial ».

4° Au sujet des modifications dans l'objet ou dans la forme de la Société débitrice, la Société Industrielle de l'Est réclame très judicieusement que les expressions « *touchant à l'objet ou à la forme de la Société* » soient remplacées par les termes plus précis « *emportant changement* d'objet ou de forme ». Nous nous joignons à elle ici, comme nous l'avons fait sur le même point à l'occasion des Obligations.

5° L'article 26 du Projet interdit aux porteurs de Parts de s'opposer à la dissolution de la Société « *prononcée sans fraude* par « les Actionnaires conformément à la loi et aux Statuts ». La Chambre de Commerce de Marseille et la Société Industrielle de l'Est réclament la suppression des mots « *sans fraude* ». Elles ont raison. La fraude ne se présume pas. Il ne faut pas que la Société ait à prouver qu'il n'y a pas eu de fraude ; c'est, au contraire, à celui qui la prétend qu'incombe la charge d'établir qu'elle existe. Et d'ailleurs, en cas de fraude, sans même le stipuler dans la loi, la décision des Actionnaires sera attaquable de par le droit commun. Ces mots sont donc à la fois inutiles et dangereux.

La Société Industrielle de l'Est ajoute une observation parfaitement justifiée. Après avoir indiqué que la proposition de dissolution anticipée de la Société sera soumise à une Assemblée des

---

(1) Voir sur ce point une décision du Tribunal de Commerce de Marseille, du 1er Mars 1904, parfaitement motivée, qui est citée dans une récente consultation conforme de M. Houpin.

porteurs de Parts, le Projet dit : « Si l'Assemblée approuve la
« dissolution, aucun porteur de Part ne pourra en contester les
« effets en justice, ni exercer une action en dommages-intérêts
« de ce chef contre la Société ». Fort bien. Mais si l'Assemblée
n'approuve pas, l'action en dommages-intérêts sera-t-elle ouverte
ipso facto? Le mieux serait de se prononcer sur ce cas et c'est ce
que fait M. BOURCART en proposant l'addition suivante : « Si
« elle (l'Assemblée des porteurs de Parts) refuse de l'approuver,
« elle peut déférer une demande en dommages-intérêts aux tribu-
« naux qui apprécieront la nécessité ou la légitimité de la disso-
« lution anticipée. A son défaut, le même droit appartient indi-
« viduellement à tout porteur de Part ».

Pénalités.

Nous retrouvons ici l'application des articles 405 et 463 du
Code pénal, sur laquelle nous nous sommes déjà prononcés à
propos des Obligations, sans qu'il y ait lieu d'y revenir.

Rétroactivité.

Ainsi que nous l'avons indiqué dans nos observations générales sur le caractère des Parts de Fondateur, il ne nous est pas
possible d'admettre en principe la rétroactivité de la loi. Nous
l'accepterions sur les points qui sont à la fois favorables aux porteurs de Parts et à la Société (réunions en Assemblées générales,
représentation par un délégué, ententes avec la Société). Mais
nous nous refusons à l'envisager pour tout ce qui peut modifier
la situation acquise soit par les Sociétés, soit par les Parts existantes. Cela s'applique, non seulement à l'article 25 signalé
(comme article 24) par la Société Industrielle de l'Est (interdiction pour une Société de modifier son objet ou sa forme sans
l'approbation des porteurs de Parts), mais *a fortiori*, suivant
nous, à toutes les dispositions de statuts actuels qui reconnaissent aux Parts les droits parfaitement licites et légitimes, droits
qui cependant disparaîtraient si la rétroactivité était ordonnée.
« La loi, dit l'article 2 de notre Code civil, ne dispose que pour
« l'avenir ; elle n'a point d'effet rétroactif ». Une seule exception
est admissible, c'est quand les conventions existantes qu'il s'a-
girait de détruire sont contraires « aux lois qui intéressent l'ordre
« public et les bonnes mœurs ». On ne saurait prétendre que tel
soit le cas ici. Aussi, nous demandons la suppression pure et
simple de l'article 29 qui applique la loi projetée aux Parts de
Fondateur émises antérieurement à la promulgation de cette loi.

TROISIEME PARTIE

LES SOCIÉTÉS ÉTRANGÈRES PAR ACTIONS

D'après l'Exposé des motifs, la matière que traite ce troisième Projet est entièrement neuve. Par là, sans doute, il faut entendre que le législateur actuel a l'intention de la régler d'une façon nouvelle ; car la situation en France des Sociétés étrangères a été trop souvent et trop bien examinée, — ne serait-ce que dans le Projet voté par le Sénat en 1884, — pour mériter la réputation de nouveauté que lui conférait M. le Garde des Sceaux de 1903. N'oublions pas, au surplus, qu'une loi du 30 mai 1857 est consacrée aux Sociétés étrangères, et que le Projet actuel s'inspire grandement des résolutions adoptées, en 1891, à Hambourg, par l'Institut de droit international.

Quelle situation créait la loi du 30 mai 1857 que nous venons de rappeler et qui est actuellement la seule en vigueur ? Intervenue après des conflits judiciaires et administratifs avec notre voisine, la Belgique, elle a tout d'abord, par son article premier, réglé la situation en ce qui concerne ce pays : « les Sociétés « anonymes et les autres associations commerciales, industriel- « les ou financières, qui sont soumises à l'autorisation du Gou- « vernement belge et qui l'ont obtenue, peuvent exercer tous « leurs droits et ester en justice en France, en se conformant « aux lois de l'Empire ». Puis, prévoyant que des arrangements semblables seraient bons à conclure avec d'autres pays, le légis- lateur de 1857 a ajouté un article 2 ainsi conçu : « Un décret « impérial, rendu en Conseil d'Etat, peut appliquer à tout autre « pays le bénéfice de l'article premier ».

Donc, sans exiger de la part des autres nations la moindre réciprocité, la loi de 1857 a accordé aux Sociétés belges, et a réservé au gouvernement français d'accorder ultérieurement aux Sociétés d'autres pays, l'existence légale en France. Succes- sivement ce bénéfice a été octroyé à la Turquie et à l'Egypte, à la Sardaigne, au Portugal, à l'Espagne, à la Confédération

Suisse, à la Grèce, à la Grande-Bretagne, à l'Autriche, à la
Russie, à la Prusse, puis à l'Allemagne, etc., etc., de telle sorte
que, à fort peu d'exceptions près, les Sociétés légalement constituées à l'étranger peuvent opérer régulièrement en France, où
elles jouissent des avantages de notre législation, tout en échap-
pant à des règles cependant essentielles à la garantie des
particuliers.

Par contre, les Sociétés, appartenant aux quelques rares pays
en faveur desquels aucun décret n'a été rendu dans les termes
de la loi de 1857, sont réputées inexistantes en France, puisqu'elles ne peuvent y exercer aucun droit, même celui d'ester
en justice pour réclamer l'exécution d'un engagement pris
envers elles par un Français hors de France. Pour ces associations, c'est une brutale irrecevabilité, tandis que pour les pre-
mières, c'est une excessive liberté. Il importe d'y remédier ; tel
est l'objet du Projet de loi actuel.

Celui-ci distingue entre les Sociétés qui veulent seulement
plaider ou faire des opérations en France et celles qui désirent
y établir des succursales. Par mesure générale et sous la seule
condition qu'elles soient constituées suivant les lois de leur pays
d'origine, le Projet accorde à toutes les Sociétés étrangères par
Actions le droit d'ester en justice et d'opérer sur notre territoire,
quel que soit ce pays d'origine et quelles que soient nos relations
diplomatiques avec lui. Mais, si ces Sociétés entendent établir
en France une ou plusieurs succursales, elles ne le peuvent qu'à
deux conditions : d'une part, qu'un traité ou un décret général
ait autorisé les Sociétés de leur pays à exercer tous leurs droits
en France, et, d'autre part, que soient remplies par elles chez
nous toutes les formalités de dépôt et de publicité imposées par
nos lois aux Sociétés françaises.

La distinction peut sembler arbitraire et illogique. De ce
qu'une Société étrangère n'a pas de succursale en France,
s'ensuit-il qu'elle n'y fera pas d'une manière habituelle et conti-
nue des opérations qui la mettront en contact permanent avec
le public français ? Ne vaudrait-il pas mieux imposer à toute
Société qui veut opérer chez nous toutes les mêmes obligations
qui pèsent sur les Sociétés françaises ?... Ce serait donner à ce
rapide examen une étendue hors de proportion avec son modeste
but, que vouloir discuter ici cette question. Il nous suffit de la
proposer aux réflexions du Parlement.

Toute ouverture de succursale sans décret général préalable
et sans l'accomplissement des formalités de dépôt et de publicité
entraînerait, d'après le Projet, la nullité des opérations effec-

tuées et une amende de 100 à 5.000 francs, sans préjudice pour les Tribunaux du droit d'ordonner, le cas échéant, la fermeture de l'établissement. Ce système de pénalités prête à des critiques. Nous lui préférerions une responsabilité pécuniaire, plus large et plus effective, des administrateurs et représentants de la Société étrangère qui contreviendrait à nos lois.

Complétant sa réglementation, le Projet prévoit le cas où une Société étrangère veut faire appel au crédit en France, par émissions ou placements de titres. Faut-il le lui permettre sous la seule condition qu'elle se conforme à la législation de son pays d'origine ? Ne convient-il pas d'aller plus loin et de lui imposer la réglementation contenue dans le Projet de loi relatif aux Sociétés françaises ? La seconde solution semble la plus équitable. Elle n'est cependant pas adoptée complètement par le Projet, sans doute, comme on l'a fait observer, afin de ne pas rebuter des émissions qui rendront leurs auteurs tributaires de nos impôts. La combinaison proposée est la suivante : la Société étrangère, qui voudra procéder à une émission en France, n'aura qu'à se conformer aux lois de son propre pays pour tout ce qui concerne le taux minimum des Actions ou Obligations, les conditions de négociabilité, de mise au porteur, etc., etc. ; mais elle devra procéder à la publicité imposée par notre loi aux émissions de titres français. Cela ne nous paraît pas suffisant ni logique. Nous voudrions une loi qui frappe de la même réglementation toutes les Sociétés existant ou opérant sur notre territoire, qu'elles soient étrangères ou françaises.

Enfin, le Projet rend la loi applicable aux Sociétés étrangères actuellement existantes, celles qui ont déjà une succursale en France devant, dans les trois mois, se mettre en règle et remplir les formalités prescrites.

CONCLUSION

Telles sont, analysées aussi consciencieusement qu'il nous a été possible et peut-être un peu longuement, les dispositions des trois Projets de lois actuels. A vrai dire, les objections ne manquent pas et la faveur générale semble aller bien plus au principe de remaniements indispensables qu'aux modifications elles-mêmes telles qu'elles sont proposées aujourd'hui. Sans doute, serait-il un peu sévère d'appliquer ici ce qu'écrivait M. PLANIOL professeur à la Faculté de droit de Paris, sur l'inutilité d'une réforme totale du Code : « En bien des cas, une réforme n'est « que le remplacement d'inconvénients anciens, que tout le « monde connaît, par des inconvénients nouveaux qu'on ne soup- « çonne pas encore ». Nous insistons volontiers, au contraire, sur la nécessité d'apporter des réformes ; mais nous les voudrions souvent tout autres que celles qui nous sont offertes par les Projets de lois. Et surtout nous adressons au législateur moderne deux reproches fondamentaux.

C'est d'abord qu'en s'obstinant à vouloir conserver intact : cadre de la loi de 1867, et à continuer le système de dispositions, relatives à un unique objet, éparses dans des lois qui se complètent ou se modifient l'une l'autre, la Commission extra-parlementaire et le Garde des Sceaux perpétuent le désordre et la confusion. On demande au législateur au moins autant de codifier que d'innover. Suivant les fortes expressions de M. Charles BENOIST (1), à « nous autres Français, il faut un texte, un seul, « — une loi, une seule, — un droit, un seul… Nous tendons de tout « notre être à la clarté, par la simplicité, dans l'unité ». Le public ne veut plus, ne peut plus se désintéresser des questions juridiques, telles que celles-ci qui sont pour lui d'une application quotidienne. Il a besoin de lois claires, précises, bien ordonnées et logiques, qu'il puisse comprendre, et même lire, sans avoir recours à des spécialistes.

C'est ensuite que le Projet manque de libéralisme. Il y avait à choisir entre deux attitudes : l'intervention ou la liberté. La Com-

(1) *Revue des Deux-Mondes*, 15 Février 1905.

mission extra-parlementaire n'a adopté ni l'une ni l'autre. Tout
en repoussant le principe de l'intervention, elle ne donne pas la
liberté. Elle multiplie, au contraire, les formalités et les réglementations. Pas plus que le Gouvernement, elle ne devrait
cependant ignorer que, dans notre pays, nous ne souffrons point
d'un excès d'esprit d'entreprise. Ceux d'entre nous qui sont dans
les affaires savent « combien il est difficile de faire appel au
« public pour fonder une Compagnie commerciale ou indus-
« trielle sérieuse. Ils savent à quel point le capital français est
« timide quand on s'adresse à lui pour lui offrir autre chose que
« des fonds d'Etat. Les lois, les tendances politiques et sociales
« du Parlement, certaines habitudes de la Presse sont faites pour
« décourager les organisateurs de Sociétés honnêtes et économes.
« Nous avons un système d'impôts qui semble conçu tout exprès
« pour les écarter. Il arrive très souvent que des affaires fort
« honorables soient obligées de se créer à l'étranger, et non chez
« nous, parce qu'elles y trouvent une législation moins tracas-
« sière et un fisc moins exigeant. On fait très bien de remanier
« notre législation sur les Sociétés, qui certes n'est pas parfaite,
« et le Projet de loi soumis à la Chambre contient des innova-
« tions heureuses. Mais ses auteurs ont eu le tort d'oublier quel-
« quefois qu'en multipliant trop les précautions contre la fraude
« on risque de paralyser les initiatives utiles et de lier les mains
« aux honnêtes gens, sans être sûr de réussir à arrêter les
« autres (1) ».

Notre pensée est exactement la même. Et nous concluons en
disant, avec l'Exposé des motifs du Projet présenté au Sénat le 6
décembre 1883, que « le dernier mot du progrès, ici comme
« ailleurs, sera la liberté. »

(1) *Journal des Débats*. 30 Mai 1904.

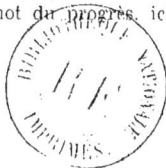

Si la Chambre Syndicale adopte ce Rapport, le convertit en délibération et ordonne son impression ainsi que son envoi comme d'usage, nous proposons d'ajouter à cette décision que la Chambre Syndicale insiste particulièrement sur les points suivants :

1° Utilité d'une codification complète, claire et précise au moyen d'une loi unique sur les Sociétés par actions refondant toutes les lois antérieures sur la matière.

2° Inconvénients d'une réglementation formaliste et minutieuse, qui serait une gêne certaine sans être une protection efficace.

3° Rejet d'une rétroactivité légale que condamnent à la fois notre droit public, l'équité et le respect des situations acquises.

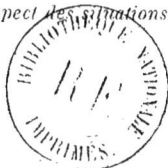

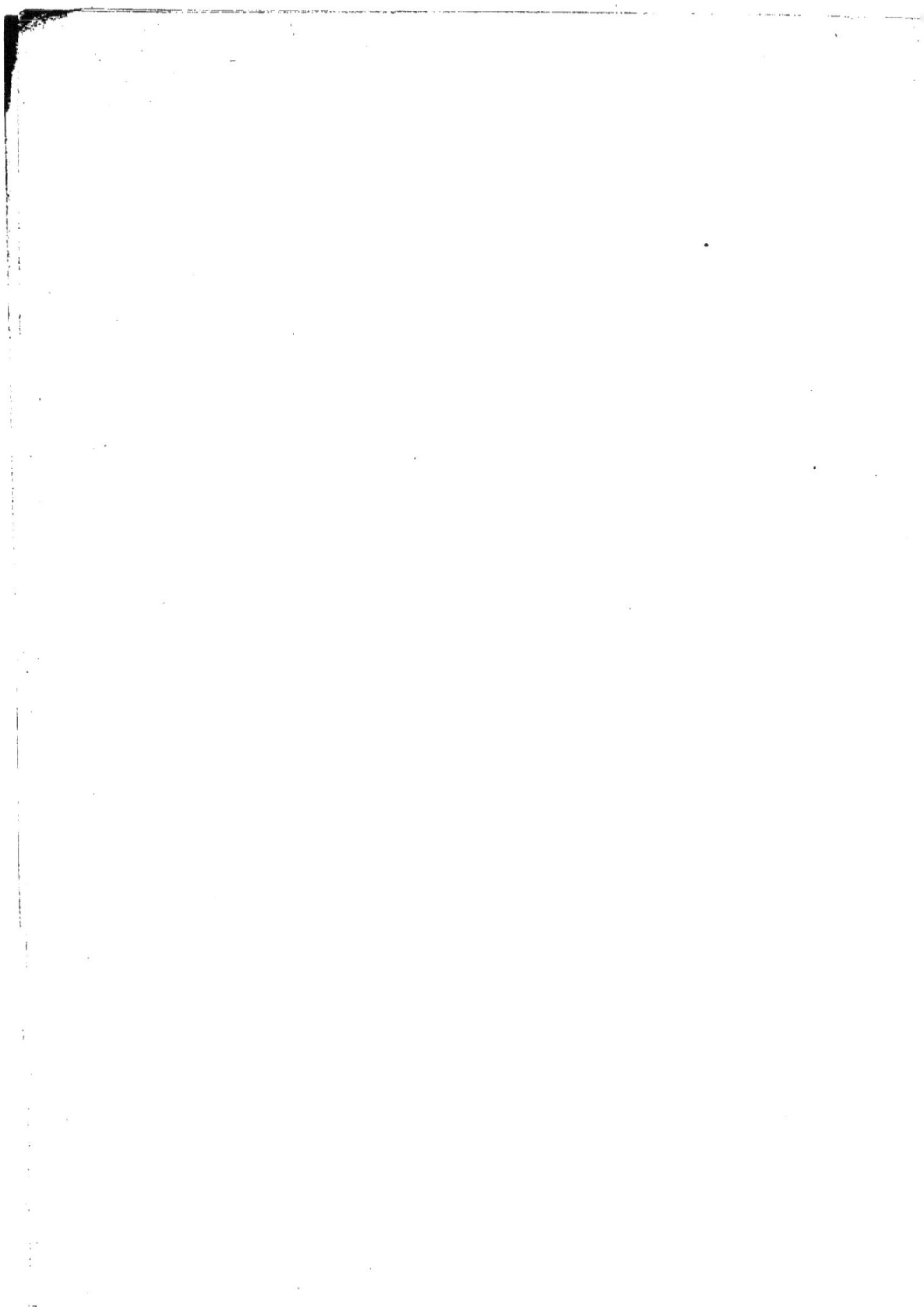

TABLE DES MATIÈRES

DEUXIÈME PARTIE

TROISIÈME PARTIE

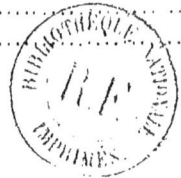